KURZE EINFÜHRUNGEN
IN DIE GERMANISTISCHE LINGUISTIK

Band 27

Herausgegeben von
Jörg Meibauer
und
Markus Steinbach

NINA JEANETTE HOFFERBERTH

Sprachproduktion

Universitätsverlag
WINTER
Heidelberg

Bibliografische Information der Deutschen Nationalbibliothek

Die Deutsche Nationalbibliothek verzeichnet diese Publikation
in der Deutschen Nationalbibliografie;
detaillierte bibliografische Daten sind im Internet
über *http://dnb.d-nb.de* abrufbar.

ISBN 978-3-8253-4874-8

© 2021 Universitätsverlag Winter GmbH Heidelberg
Imprimé en Allemagne · Printed in Germany
Umschlaggestaltung: Klaus Brecht GmbH, Heidelberg
Druck: Memminger MedienCentrum, 87700 Memmingen

Gedruckt auf umweltfreundlichem, chlorfrei gebleichtem
und alterungsbeständigem Papier

Den Verlag erreichen Sie im Internet unter:
www.winter-verlag.de

www.kegli-online.de

Vorwort

Sprechen erscheint einfach. Dennoch ist es wahrlich eine Höchstleistung, in nur wenigen Sekunden nicht nur einzelne Wörter,
sondern ganze Sätze korrekt zu produzieren. Erst bei Störungen in
der Sprachproduktion wird man auf die Prozesse aufmerksam, die
ansonsten so schnell und einfach funktionieren: Ein Sprecher sucht
beispielsweise nach dem Zielwort und produziert eine gefüllte Pause
(*Äh...*), umschreibt es, versucht sich in einer Annäherung mit einem
phonologisch oder semantisch ähnlichen Wort oder produziert einen
Versprecher, bricht dann die Satzplanung ab und versucht es schließlich mit einem Neustart. Solche Aussetzer treten regelmäßig im Alltag auf. Fehlleistungen, wie Pausen, Versprecher und Wortfindungsstörungen geben Aufschluss über den regulären Ablauf des Sprachproduktionsprozesses.

In diesem Band fokussieren wir uns auf die gesprochene Sprache,
während die geschriebene Sprache aus Platzgründen nur kurz er-
wähnt wird. Nach einer Einführung in das mentale Lexikon wird zunächst der lexikalische Zugriff erklärt und verschiedene Modelle der
Sprachproduktion dargestellt. Anschließend werden Versprecher
thematisiert; darauf folgt ein Kapitel zu Wortfindungsstörungen, zum
sog. Tip-of-the-Tongue-Phänomen. Kapitel zu Sprachstörungen bei
Mehrsprachigen sowie zur Gebärdensprache runden das Buch ab.

In allen Kapiteln gibt es eine Zusammenfassung mit Aufgaben,
Grundbegriffen und weiterführender Literatur. Die Lösungen zu den
Aufgaben finden Sie im Internet unter *www.kegli-online.de*.

In diesem Band werden zur Bezeichnung von namentlich nicht
spezifizierten Personen durchgehend unmarkierte Ausdrücke, wie
Sprecher, Hörer, Proband verwendet, um den Lesefluss nicht zu be-
hindern. Diese Ausdrücke beziehen sich sowohl auf männliche als
auch auf weibliche Personen und mögen entsprechend interpretiert
werden. Da die psycholinguistischen Studien meist auf Englisch
sind, aber dieses Buch auf Deutsch geschrieben ist, werden die englischen Termini in Klammern mitaufgeführt, um die Lektüre der Ori-
ginaltexte zu erleichtern.

Ich danke Ulrich Schade, Annette Hohenberger und Markus
Steinbach für hilfreiche Kommentare zu diesem Band sowie Helen
Leuninger für die Betreuung meiner Doktorarbeit zum Tip-of-the-
Tongue-Phänomen (Sauer 2015).

Für meine Schwester Christine

Inhaltsverzeichnis

1. Grundausrüstung

Die Psycholinguistik beschreibt und untersucht unser sprachliches Verhalten. Sie gliedert sich in vier Teilbereiche: Spracherwerb, Sprachwahrnehmung (Perzeption), Sprachproduktion und Sprachstörungen. In diesem Band geht es um die Sprachproduktion. Mit empirischen Methoden wird eine Schnittstelle zwischen der Linguistik und der Psychologie untersucht; in der Linguistik wird dabei von **Psycholinguistik** gesprochen, in der Psychologie von **Sprachpsychologie**. Im Folgenden werden in einer Art ‚Crashkurs' Sprache als Werkzeug zur Kommunikation eingeführt, auf das sprachliche Wissen als auch auf das Welt- und Diskurswissen hingewiesen und abschließend die einzelnen sprachlichen Ebenen an einem Beispielsatz durchgespielt.

Sprache ist ein wichtiges Werkzeug zur Verständigung. Wir sprechen jeden Tag mehrere hundert oder sogar tausend Wörter. Diese sind genau wie unsere Gedanken geordnet, d. h. sie folgen Regularitäten. Bühler (1934: 28) bezeichnet Sprache in seinem Modell als „Organon" und beschreibt drei wichtige Funktionen einer Sprachäußerung: die **Ausdrucksfunktion** mit Bezug auf den Sender, die **Appellfunktion** mit Bezug auf den Empfänger und die **Darstellungsfunktion** mit Bezug auf die Umgebung.

Die Sprachproduktion erfolgt relativ fehlerfrei, denn nur ca. alle 1.000 Wörter wird ein Versprecher produziert. Dieser scheinbar mühelose Akt des Sprechens wurde 1909 von Titchener zugespitzt formuliert: „Speaking is like reading off what I have to say from a memory manuscript" (zit. nach Jescheniak 2002: 11). Ein Sprecher müsste demnach die beabsichtigte Äußerung nur von einer Art Gedächtnismanuskript ablesen, was „ohne subjektiv spürbare kognitive Belastung" geschehe (Schriefers 2003: 5). Bock (1996) karikierte diese Auffassung als *Mind-in-the-Mouth*-**Hypothese**. Wir lesen allerdings nicht einfach nur Wörter von unserem ‚Gedächtnismanuskript' ab, sondern wir müssen in unserem inneren Wörterbuch, dem mentalen Lexikon, auch die *richtigen* Wörter auswählen und diese korrekt produzieren. Der Hörer wiederum hat die Aufgabe, die gehörte Äußerung zu dekodieren, d. h. zu entschlüsseln. Beispielsweise ist eine Äußerung, wie *Es zieht* grammatisch und wörtlich einfach zu verstehen, allerdings muss der Hörer solch einen Satz auch richtig interpretieren. Der Sprecher möchte wahrscheinlich ausdrücken *Mir* *ist kalt.* Es wird dargestellt, dass das Fenster geöffnet ist und die Appellfunktion an den Hörer lautet demnach *Bitte mach das Fenster zu.* Auch hinter Sätzen, wie *Haben Sie Feuer?* oder *Kennen Sie den Weg zur Post?* verbergen sich keine Ja-/Nein-Fragen, sondern Bitten. Das Verständnis und der angemessene Umgang mit solchen **indirekten Sprechakten** ist von der jeweiligen Kultur abhängig und gehört zum **Welt- und Diskurswissen.**

Damit eine Kommunikation erfolgreich ist, kommt es darauf an, wie viel und vor allem welche Information gegeben wird. Der Weg zur Post kann dahingehend beschrieben werden, dass bei Martins Elternhaus rechts abgebogen werden soll – diese Erklärung kann allerdings nur funktionieren, wenn der andere weiß, wer Martin ist und wo seine Eltern wohnen. Dazu benötigt man Gemeinsamkeiten im Vorwissen. Das gemeinsame Vorwissen und die Vorannahmen (Präsuppositionen) der Kommunikationspartner bezeichnet man auch als *common ground.* Als Sprecher kann man denjenigen Teil der Botschaft weglassen, den der Hörer schon kennt oder den sich dieser selbst erschließen kann (vgl. hierzu die Konversationsmaximen von Grice 1975).

Wir schaffen es meistens, aus einem Stimmengewirr einzelne Sprecher zu erkennen, und bei einem Wortschwall die Wortgrenzen, d. h. die einzelnen Wörter, wahrzunehmen und zu verstehen – auch wenn die Aussprache durch einen **Dialekt** (z. B. Hessisch, Thüringisch) oder durch einen **Akzent** (z. B. eine Französin spricht Deutsch) gefärbt sein kann. Der Begriff **Prosodie** bezeichnet den Rhythmus im Allgemeinen, d. h. sowohl das Sprachtempo als auch den Wortakzent. Anhand der Prosodie lässt sich erkennen, ob der Satz *Es schneit* als Aussage, Frage oder Ausruf zu verstehen ist – je nachdem ob es eine fallende, steigende oder schwebende Intonation gibt.

Auch wenn ein Muttersprachler des Deutschen automatisch Sätze richtig produziert, wie *Ich fahre mit der Straßenbahn zur Arbeit; Das Buch ist für meinen Vater; Ich hänge das Bild an die Wand; Das Bild hängt an der Wand*, heißt das noch lange nicht, dass er die Regeln, die er bei diesen Sätzen erfolgreich angewendet hat, kennt oder gar erklären kann: Die Präposition *mit* verlangt den Dativ, *für* dagegen den Akkusativ; bei Wechselpräpositionen mit Bewegung folgt der Akkusativ, ohne Bewegung der Dativ. Für Lerner des Deutschen als Zweit- bzw. Fremdsprache ist insbesondere der **Kasus** schwierig, denn auf den ersten Blick sieht es aus, als wäre ‚Straßenbahn' im obigen Satz maskulin; dabei wird im Dativ das feminine Nomen *die Straßenbahn* zu *der Straßenbahn*. Das Regelwissen ist demnach implizit. Wir können damit aber auch Sätze, die wir vorher noch niemals gehört oder gelesen haben, auf Anhieb korrekt produzieren. Nach Chomsky (1965) ist die Fähigkeit zum Erwerb einer Sprache uns Menschen angeboren, die sog. Universalgrammatik. Pinker (1994) nennt dieses genetisch geprägte Strukturwissen **Sprachinstinkt** (language instinct). Ohne die Universalgrammatik wären Kinder nicht fähig, Sprache zu erwerben, so der **Nativismus**. Chomskys Ansatz bekommt seit einiger Zeit Konkurrenz durch den gebrauchsbasierten Ansatz: Der **Konstruktivismus** geht davon aus, dass das Kind mit allgemeinen Lern- und Generalisierungsmechanismen ausgestattet ist und aus dem sprachlichen Input innerhalb der sozialen Interaktion selbst sprachliche Regeln konstruieren kann. Das sprachliche Wissen sei also nicht angeboren, sondern werde selbst konstruiert, wobei generelle Lern- und Mustererkennungsfähigkeiten ausreichend sind (Ibbotson/Tomasello 2017).

Chomsky (1957) unterschied in seiner generativen Grammatiktheorie die **Kompetenz** (Sprachwissen), d. h. das abstrakte Wissen eines Sprechers über die Struktur und Regeln seiner Sprache, von der **Performanz** (Sprachkönnen), dem konkreten sprachlichen Verhalten. Wir produzieren meist korrekte Sätze, besitzen also die Kompetenz, wenn auch nur implizit: Beispielsweise steht im Deutschen das Verb im Hauptsatz an zweiter Stelle und im Nebensatz an der letzten; wir verwenden automatisch bei dem Verb *geben* drei **Valenzen**, d. h. *jemand* (Subjekt) gibt *jemandem* (Dativ) *etwas* (Akkusativ). Diese korrekte Anwendung der deutschen Grammatik geschieht allerdings intuitiv und unbewusst. Um die semantische Struktur von Sätzen zu beschreiben, werden **Propositionen** verwendet. Eine Proposition ist eine Art Bedeutungsmolekül und repräsentiert einfache Satzverhalte. Sie besteht aus einem Prädikat und mindestens einem Argument, z. B. ist der Satz *Constanze kocht Spaghetti* als Proposition KOCHEN (CONSTANZE, SPAGHETTI) darstellbar, und *Sebastian schenkt Nina Blumen* ist propositional SCHENKEN (SEBASTIAN, NINA, BLUMEN) – wie das Verb *geben* hat *schenken* drei Valenzen. In seltenen Fällen sind Äußerungen fehlerhaft. Das sprachliche Verhalten, die Performanz, spiegelt meist, aber eben nicht immer die Kompetenz wider.

Um die Mind-in-the-Mouth-Hypothese zu widerlegen, wird kurz dargestellt, wie komplex der Informationsfluss bei der Sprachproduktion ist. Dieser verläuft ‚von oben nach unten‘: von der pragmatischen Ebene über die Semantik und Syntax zur Laut-, Schrift- bzw. Gebärdenebene. Produziert beispielsweise ein Sprecher den Satz *Pankow hat gestern wieder Dauphine gejagt*, dann kann das nur ein

Freund verstehen, der weiß, dass Pankow ein Kater ist und Dauphine eine Vogeldame. Nehmen wir lieber den Satz *Die Katze hat gestern wieder einen Vogel gejagt*, um beispielhaft die einzelnen Ebenen durchzugehen (vgl. Rickheit et al. 2007: 79f):

Auf der **pragmatischen Ebene** nimmt der Sprecher Rücksicht auf den Hörer, z. B. auf sein Vorwissen (Kennt das Gegenüber die Namen der Haustiere?) und auf die Rahmenbedingungen der Kommunikation, z. B. wäre solch eine Äußerung im Vorstellungsgespräch oder beim Warten auf den Bus mit einer unbekannten Person eher unpassend. Eine definite Referenz, wie *die Katze*, kann nur verwendet werden, wenn das Referenzobjekt bekannt ist oder vorher eingeführt wurde. Auch bei Grundschulkindern, die im Morgenkreis von ihren Erlebnissen erzählen, ist dieses Phänomen zu beobachten, wenn sie ihren Bericht beginnen mit „Karoline hatte gestern Geburtstag, der Mann mit dem Hund war auch da" – ohne zu erwähnen, dass *Karoline* die Nachbarin ist und *der Mann* ihr Lebensgefährte. Erst nach einer erfolgten Referenteneinführung (z. B. *ein Mann*) kann die definite Zuweisung stattfinden (*der Mann*).

Auf der **semantischen Ebene** geht es um das Thema. Die Äußerung muss inhaltlich sowohl intentional geplant werden (Makroplanung) als auch hinsichtlich der einzelnen Basisaussagen (Mikroplanung). Hier spielt das Weltwissen eine Rolle, z. B. wie sehen Katzen aus, wie verhalten sie sich etc. Es kann der Begriff *Katze* bzw. *Kater* gewählt werden, aber auch die Bezeichnung *Mieze*.

Auf der **morpho-syntaktischen Ebene** geht es um die Formulierung. Zum einen müssen die einzelnen Wörter ausgewählt werden (Katze, jagen, Vogel), zum anderen brauchen diese dann grammatische Funktionen (Subjekt, Handlung, Objekt) und sie müssen in der richtigen Reihenfolge grammatisch korrekt produziert werden. Ein Satz, wie z. B. *Den Briefträger hat der Hund gebissen* kann im Englischen nur als Passivsatz geäußert werden (*The postman was bitten by the dog*), da im Englischen die Subjekt-Verb-Objekt-Regel gilt, d. h. das Objekt kann nicht einfach vorne stehen. Damit funktioniert eine wortwörtliche Übersetzung hier nicht: *The postman has bitten the dog* (grammatikalisch zwar korrekt, aber mit einer anderen Bedeutung: Der Briefträger hat den Hund gebissen) bzw. **The postman the dog has bitten*.

Auf der **Lautebene** bzw. **Schriftebene** geht es schließlich darum, die geplante Äußerung zu realisieren – diese entweder zu sprechen oder zu schreiben. Für die gesprochene Sprache gibt es dafür ein Artikulationsmodul, für die geschriebene Sprache dementsprechend ein graphemisches Modul.

Die Sprachproduktion verläuft dabei **inkrementell**, das bedeutet, dass nicht alle Ebenen nacheinander durchlaufen werden, sondern dass die Verarbeitung auf der unteren Ebene bereits beginnen kann, wenn die obere Ebene noch nicht vollständig abgeschlossen ist (vgl. Abschnitt 2.3). Deshalb kann man bereits mit dem Sprechen beginnen, bevor man weiß, wie man den Satz beenden möchte. Heinrich von Kleist hat sich hierzu bereits 1805/1806 in seinem Aufsatz *Über die allmähliche Verfertigung der Gedanken beim Reden* wie folgt geäußert:

Ich glaube, daß mancher große Redner, in dem Augenblick, da er den Mund aufmachte, noch nicht wußte, was er sagen würde. Aber die Überzeugung, daß er die ihm nötige Gedankenfülle schon aus den Umständen, und der daraus resultierenden Erregung seines Gemüts schöpfen würde, machte ihn dreist genug, den Anfang, auf gutes Glück hin, zu setzen (von Kleist 1805/06: 341f.).

Die einzelnen Ebenen von der Intention zur Artikulation werden in Kapitel 2 nochmals genauer betrachtet. Schauen wir uns zunächst an, wie die einzelnen Wörter im Gedächtnis gespeichert sind.

1.1 Das mentale Lexikon

„Keine menschliche Sprache kommt ohne Wörter aus, und keine sprachliche Einheit genießt so viel öffentliches Interesse wie das Wort" (Meibauer 2007: 15). Neben ‚Wörtern des Jahres' werden auch ‚Unwörter des Jahres' gewählt. Unser **aktiver Wortschatz** enthält etwa 30.000 bis 40.000 Wörter; manche gehen sogar von 50.000 bis 100.000 Wörtern aus. Pro Minute werden Sprechraten von ca. 150 Wörtern produziert, das sind fünf bis sechs Silben pro Sekunde. Daher ist es eine bemerkenswerte Höchstleistung, dass Sprecher ihr intendiertes Wort meist schnell und korrekt aus dem mentalen Lexikon mit mehreren tausend, zum Teil kompetitiven Einträgen auswählen, grammatisch spezifizieren (z. B. *des Pferd-es*) und anschließend korrekt produzieren. Wörterbücher und Grammatiken umfassen einen Wortschatz von etwa 150.000 bis 180.000 Wörtern; der Kernwortschatz, d. h. der Wortschatz ohne Zusammensetzungen und Ableitungen, enthält bis zu 10.000 Grundwörter. Für die Formen *Pferd, des Pferdes* und *Pferde* wird insgesamt nur ein einzelner Lexikoneintrag angenommen. Dies gilt genauso für Verbformen, wie *renne, rennst, rennt, rannte,* die alle zum Eintrag *rennen* gehören. Schon Kinder im Alter von sechs Jahren weisen einen produktiven Wortschatz von ca. 14.000 Wörtern auf, zwischen 10 bis 14 Jahren kommen jährlich ca. 3.000 neue Wörter hinzu (Meibauer 2007: 15). Der

passive Wortschatz ist selbstverständlich sowohl bei Kindern als auch bei Erwachsenen viel größer als der aktive Wortschatz, kann sich allerdings auch stark zwischen den Individuen unterschieden. Ein einzelner erwachsener Sprecher kann passiv bis zu 250.000 Wörter beherrschen, doch wie wird solch eine große Anzahl von Wörtern gespeichert?

Im mentalen Lexikon sind Wörter, ähnlich wie in einem Wörterbuch, in unserem Langzeitgedächtnis gespeichert. Die Wörter sind allerdings nicht alphabetisch geordnet, sondern man nimmt eine netzwerkartige Struktur des Lexikons an. Bei einem ,Eintrag' im mentalen Lexikon ist beispielsweise nicht nur das Wort *Pferd* gespeichert, sondern auch die Wortart (Substantiv), das zugehörige Genus (Neutrum: *das Pferd*), der Plural (*die Pferd-e*) sowie Informationen zur Schreibung und Aussprache. Außerdem ist das Wort *Pferd* mit anderen Wörtern verknüpft, z. B. mit Wörtern aus dem Kontext *Bauernhof* (wie *Stall, Heu, Steigbügel, striegeln, füttern, reiten, braun*), mit semantisch ähnlichen Wörtern (wie *Kuh, Esel, Hund, Katze*), mit phonologisch ähnlichen Wörtern (wie mit dem Reimwort *Herd*) und mit persönlichen Assoziationen, die positiv oder negativ konnotiert sein können (wie *Strandurlaub an der Nordsee, Pferd Sissi, Angst haben, Unfall* – oder: *Galopprennbahn, 3. Preis, glücklich)*. Wenn uns ein Wort auf der Zunge liegt und wir genau wissen, das Wort zu kennen, aber momentan nicht benennen können, liegen trotzdem Informationen über den Lexikoneintrag vor. Wir können das Bild einer Karteikarte nehmen, die zwar die oben genannten Informationen enthält, aber zurzeit ,gelocht' ist (Brown/McNeill 1966). Ein Sprecher kann dann zwar die Information ,Substantiv' abrufen, hat eventuell Zugang zu Wörtern mit ähnlichem Klang und ähnlicher Bedeutung, aber die komplette Wortform *Pferd* ist nicht zugänglich. Dieses sog. Tip-of-the-Tongue (TOT)-Phänomen wird genauer in Kapitel 5 erläutert.

Jensen (1962) analysierte eine Vielzahl von Rechtschreibfehlern von Wörtern mit sieben, neun oder elf Buchstaben, die von Jugendlichen im achten und zehnten Schuljahr und von Studienanfängern gemacht wurden. Die meisten Fehler waren in der Mitte des Wortes, dann am Ende, aber selten am Anfang des Wortes. Außerdem hat eine Studie der Cambridge Universität herausgefunden, dass Menschen einen Text lesen und verstehen können, in dessen Wörtern die Buchstaben eine falsche Reihenfolge haben und nur jeweils zwei Buchstaben, nämlich der erste und der letzte, an der richtigen Stelle stehen. Grainger und Whitney (2004) sprechen vom *jumbled word effect*:

Ncah enier nueen Sutide, die uetnr aerdnem von der Cmabirdge Uinertvisy dührruchgeft wrdoen sien slol, ist es eagl, in wlehcer Rehenifloge Bcuhstbaen in eneim Wrot sethen, Huaptschae, der esrte und ltzete Bcuhstbae snid an der rhcitgien Setlle. Die rsetclhien Bshcuteban kenönn ttoal druchenianedr sien, und man knan es tortzedm onhe Poreblme lseen, wiel das mneschilhce Gherin nhcit jdeen Bcuhstbaen enizlen leist, snodren das Wrot als gnazes. Mti dme Pähonemn bchesfätgein shci mherere Hhcochsluen, acuh die aerichmkianse Uivnäseritt in Pstbigurh. Esrtmlas üebr das Tmeha gchseibren hat aebr breteis 1976 – und nun in der rgchitien Bruecihhsetnafoelngbe – Graham Rawlinson in sieenr Dsiestraiton mit dem Tetil "The Significance of Letter Position in Word Recognition" an der egnlsicehn Uitneivrsy of Ntitongahm (*Frankfurter Allgemeine Zeitung* vom 23.9.2003, Seite 9).

Die Ergebnisse von Jensen (1962) und der Cambridge-Studie demonstrieren, dass die Reihenfolge der Aufmerksamkeit auf das Wort erst auf den Anfang (dort gab es am wenigsten Fehler), dann auf das Ende und schließlich auf die Mitte des Wortes gelegt wird. Aitchison illustriert dieses Phänomen am sog. ‚Badewannen'-Effekt: Das Wort kann verglichen werden mit einer Person in der Badewanne, wobei der Kopf weiter aus dem Wasser ragt als die Füße, während der ‚Mittelteil' kaum sichtbar ist. So wie der Kopf in der Badewanne auffälliger ist, bleibt auch der Anfang eines Wortes besser im Gedächtnis haften. Dies wurde auch in den TOT-Studien gezeigt (vgl. Kapitel 5).

People remember the beginnings and ends of words better than the middles, as if the word were a person lying in a bathtub [...] the head is further out of the water and more prominent than the feet, so the beginnings of words are, on average, better remembered than the ends (Aitchison 2003: 138).

Zum Erkennen von Wörtern muss der Eintrag im mentalen Lexikon nicht komplett gespeichert sein, zum Abruf allerdings schon.

Man nimmt an, dass ein **Lexikoneintrag** aus phonologischen, morphologischen, syntaktischen, semantischen und pragmatischen Informationen besteht. In Abbildung 1 ist nur der Verbstamm *weck*-berücksichtigt, da die Möglichkeit besteht, dass Flexionselemente nach gewissen Regeln an den Stamm gefügt werden. Auf der ‚Kateikarte' sind die korrekte Aussprache, die Flexionsklasse des Verbs, die Wortart, der Valenzrahmen sowie die drei möglichen Argumente (*Wer* weckt *wen*, fakultativ: PP mit *aus [dem Schlaf]*) gespeichert.

weck-	
PHON:	/vɛk/
MORPH:	schwache Flexion
SYN:	V
	[NP_{nom1}, NP_{akk2}, ($PP_{p=aus3}$)_]
SEM:	Handlungsverb
	x1: AGENS, x2: PATIENS, x3: QUELLE
	WECK (x1, x2, x3)
PRAG:	neutrales Register

Abb.1: Beispielhafter Eintrag im mentalen Lexikon für _weck-_ (aus Meibauer 2007: 41).

Wie der jeweilige Lexikoneintrag im Besonderen aussieht, ob Wörter als Ganzes oder als Morpheme gespeichert werden, welche Information wie repräsentiert wird, ist umstritten. Einigkeit besteht darin, dass ein Eintrag im mentalen Lexikon die syntaktische Kategorie des Wortes, die entsprechenden morphologischen und phonologischen Informationen sowie semantische Informationen umfasst. Wie der lexikalische Zugriff (_lexical access_) auf ein Wort im mentalen Lexikon genau funktioniert, betrachten wir im nächsten Abschnitt.

1.2 Lexikalischer Zugriff in zwei Stufen

Der Prozess vom Gedanken zum Wort ist in drei Teilprozesse untergliedert: Von der _Konzeptualisierung_ einer Idee über deren _Formulierung_ entsteht die _Artikulation_ einer Botschaft. Der Prozess der Formulierung umfasst laut Levelt zwei Zugriffe auf das Lexikon: Zunächst erfolgt der Lemma-Zugriff, anschließend der Lexem-Zugriff.

Das sog. **Konzept** umfasst zunächst die semantischen Informationen. Wenn ein Sprecher weiß, was er sagen möchte, greift er auf sein mentales Lexikon zu, um zu einem Konzept das gesuchte Wort abzurufen (Lemma-Zugriff). Bei der anschließenden morpho-phonologischen Enkodierung des Wortes erfolgt dann der zweite Zugriff (Lexem-Zugriff). Ein Lexikoneintrag ist damit vergleichbar mit einer Karteikarte, die auf beiden Seiten beschriftet ist. Auf der einen Seite sind die grammatischen Informationen und auf der anderen ist die Wortform gespeichert: Das **Lemma** auf der einen Seite umfasst alle syntaktischen Eigenschaften eines Wortes, wie die Wortart und die Anforderungen an die syntaktische Umgebung; das **Lexem** auf der anderen Seite umfasst die phonologischen und orthografischen Informationen, wie die Aussprache, die (Recht-)Schreibung, den Wortakzent, die Silbentrennung.

Evidenz für den lexikalischen Zugriff in zwei Stufen, also in Lemma und Lexem, bieten der Wortfrequenzeffekt, Versprecher und Wortfindungsstörungen. Während den beiden letzteren eigene Kapitel gewidmet sind, wird hier an dieser Stelle nur Bezug genommen auf den **Wortfrequenzeffekt**. Dieser Effekt besagt, dass häufig verwendete (hochfrequente) Wörter schneller erkannt und produziert werden können als selten verwendete (niedrigfrequente) Wörter (Oldfield/Wingfield 1965). Beispielsweise sieht die Hitliste der zehn häufigsten deutschen, englischen und französischen Wörter wie folgt aus (siehe Tabelle 1):

	Deutsch	**Englisch**	**Französisch**
1.	der	of	de
2.	die	to	la
3.	und	and	le
4.	in	a	et
5.	den	in	les
6.	von	for	des
7.	zu	is	en
8.	das	the	un
9.	mit	that	de
10.	sich	on	une

Tabelle 1: Die zehn häufigsten Wörter im Deutschen, Englischen und Französischen (Wortschatzprojekt der Universität Leipzig 2001).

Die Tabelle gibt nur Richtwerte an, je nach Fachgebiet und Textsorte variieren die Wörter. Beispielsweise ist das Personalpronomen *ich* (eng. *I*, frz. *je*) nicht mitaufgeführt, welches aber in der gesprochenen Sprache sehr häufig verwendet wird. In anderen Berechnungen steht der englische Artikel *the* an erster Stelle (Top 1000 words).

Frühere Modelle des lexikalischen Zugriffs gingen davon aus, dass die Wörter in unserem mentalen Lexikon auf einer Liste angeordnet sind, wobei die hochfrequenten Wörter weiter oben stehen und schneller gefunden werden können als niedrigfrequente Wörter, die weiter unten auf der Liste stehen. Dazu sei auf ein Experiment von Jescheniak und Levelt (1994) verwiesen, die untersucht haben, ob der Wortfrequenzeffekt auf der Lemma- oder der Lexem-Ebene liegt: Niederländische Probanden sollten englische Homophon-Paare auf die entsprechenden niederländischen Wörter hin produzieren. Homophone sind Wörter, die gleich ausgesprochen, aber unterschiedlich geschrieben werden. Die getesteten Wortpaare bestanden jeweils aus einem hoch- und einem niedrigfrequenten Wort, z. B. (to) *be* (sein) = /bi:/ und *bee* (Biene) = /bi:/. Wenn der Frequenzeffekt auf der Lemma-Ebene angesiedelt wäre, würde das häufig verwendete Wort *be* schneller genannt werden können als das seltenere *bee*. Wenn der Effekt auf der Lexem-Ebene läge, dann würden beide Worte gleich schnell produziert werden (dieselbe Benennlatenz). Es zeigte sich, dass die Reaktionszeiten identisch waren und das niedrigfrequente *bee* von dem hochfrequenten *be* profitierte und genauso schnell benannt werden konnte. Jescheniak (2002: 61) spricht vom **Frequenzvererbungseffekt**. Damit liegt der Wortfrequenzeffekt auf der Lexem-Ebene, aber nicht auf der Lemma-Ebene. Dies verdeutlicht, dass es **zwei Ebenen** geben muss.

Bereits Dell (1990) konnte diesen Effekt verdeutlichen: Eigentlich kommen phonologische Versprecher weniger in Funktionswörtern vor, aber in seinen Experimenten kam das Funktionsmorphem *by* (u. a. von, durch, neben) genauso häufig in Fehlern vor wie das homophone Inhaltswort (to) *buy* (kaufen). Wörter, die seltener gebraucht werden, sind generell häufiger in Versprecher involviert. Interessant dabei ist, dass Wörter, die zwar niedrigfrequent sind (z. B. *hymn* [Hymne]), aber ein hochfrequentes Homophon haben (z. B. *him* [ihm]) von ihrem bekannten Nachbarn profitieren, d. h. *hymn* kommt dann genauso selten in Versprechern vor wie das hochfrequente *him*. Im nächsten Abschnitt werden zunächst einige Methoden zur Untersuchung von Sprachproduktion vorgestellt.

1.3 Methoden der Sprachproduktionsforschung

Kognitive Prozesse lassen sich nicht direkt beobachten; in der Psycholinguistik wird auch vom **Black Box**-Phänomen gesprochen. Lediglich durch kontrollierten Input (der Reiz) und beobachtbaren Output (die Reaktion) können Rückschlüsse auf die Sprachverarbeitung ‚dazwischen' vorgenommen werden. Im Unterschied zur traditionellen Linguistik, in der strukturelle Regelmäßigkeiten sprachlicher Äußerungen so präzise wie möglich beschrieben werden, ist die Psycholinguistik eine Wissenschaft, sie sich an Daten orientiert.

Zunächst werden wir die Relation von Sprachwahrnehmung und -produktion näher untersuchen. „When producing a word, humans must pick the meaning before the sound. When recognizing a word, they must start with the sounds, then move on to the meaning" (Aitchison 2003: 215). Dies bedeutet jedoch nicht, dass es sich bei der Sprachwahrnehmung und Sprachproduktion jeweils um den gleichen Prozess handelt, nur in einer anderen Reihenfolge. Zur Untersuchung der Sprachperzeption existieren bereits seit Beginn der

1970er Jahre einige experimentelle Techniken, anhand derer man den ablaufenden Sprachverstehensprozess *on-line* (d. h. in Echtzeit) überprüfen kann. Im Gegensatz dazu erlaubten die Methoden der Sprachproduktionsforschung zu Beginn nur die Analyse des abgelaufenen Prozesses *off-line* (d. h. im Nachhinein). Daher galten Aussagen zur Sprachproduktion einst als spekulativ. In älteren Einführungen in die Psycholinguistik kann man immer noch lesen, dass sich die Sprachproduktion schlechter experimentell untersuchen lasse als die Sprachperzeption. Dies trifft allerdings heutzutage nicht mehr zu. Der Grund für die damalige abwertende Charakterisierung und die Asymmetrie in den Forschungsbemühungen von Sprachperzeption und -produktion kann in der methodischen Vorgehensweise der Sprachproduktionsforschung liegen: Im Unterschied zur Sprachperzeption kann der Psycholinguist in einem Experiment zwar auch die **unabhängige Variable** (die Ursache: die Stimuli) manipulieren, aber nur bedingt die **abhängige Variable** (die Wirkung: die Reaktion der Probanden) kontrollieren. Der verbale Output eines Probanden kann dadurch stark von der Erwartung des Versuchsleiters abweichen.

Bei empirischen Untersuchungen gibt es drei Gütekriterien: **Validität, Objektivität** und **Reliabilität**. Ein Testverfahren gilt als umso mehr valide, wenn das gemessen wird, was gemessen werden soll. Eine Replizierbarkeit der Untersuchung soll zu denselben Ergebnissen führen, damit das Verfahren objektiv ist, d. h. auch ein anderer Beobachter bzw. Experimentator, andere Räumlichkeiten oder Außeneinflüsse sollten nicht zu Unterschieden führen. Das Kriterium der Reliabilität bezeichnet die technische Verlässlichkeit eines Messverfahrens, d. h. das Ergebnis ist weitgehend fei von Messfehlern und kann unter denselben Bedingungen reproduziert werden.

Im Folgenden wird die Methodenvielfalt der Sprachproduktionsforschung dargestellt. Eine experimentelle Aufgabe, die Sprachperzeption und -produktion vereint, wurde bereits in den 1930er Jahren etabliert, die sogenannte **Stroop-Aufgabe** (Stroop 1935). Damit wird die Interferenz (Überlagerung) zwischen Verbalisierung des Farbwortes und Worterkennung aufgezeigt. Das Stroop-Experiment lässt sich in vier einzelne Aufgaben untergliedern:

a) Lesen von Farbwörtern, z. B. *rot, blau, gelb, grün* (alles in schwarz geschrieben)

b) Benennen von Farben, z. B. *rot* (rotes Quadrat), *blau* (blaues Quadrat)

c)   Lesen der Farbwörter in Farbe, z. B. ist das Wort ‚gelb' in der Farbe blau geschrieben und *gelb* soll genannt werden (Bsp. in der inkongruenten Bedingung)

d)   Benennen der Farben, in denen die Farbwörter geschrieben sind, z. B. ist das Wort ‚gelb' in der Farbe blau geschrieben und *blau* soll benannt werden (Bsp. in der inkongruenten Bedingung).

Bei der Stroop-Aufgabe gibt es zwei Bedingungen: Unter der kongruenten Bedingung stimmt die Farbe, in der das Wort geschrieben ist, mit der Bedeutung des Wortes überein (z. B. das Wort ‚rot' ist in der Farbe rot geschrieben); unter der inkongruenten Bedingung nicht (z. B. das Wort ‚rot' ist in grün geschrieben). Es zeigt sich ein signifikanter Effekt der Aufgaben a-d auf die Reaktionszeit, wobei die Bearbeitung der Aufgabe d erheblich länger dauert. Es fällt uns also schwer, Bedeutungen zu ignorieren. Auch wenn wir nur die Farbe benennen sollen, in der ein Wort geschrieben ist, lesen wir unwillkürlich auch das Wort und verarbeiten unwillkürlich auch dessen Bedeutung.

In den 1960er Jahren begann die Sprachproduktionsforschung mit der Analyse von Spontansprache, insbesondere von Versprechern. Bereits 1895 veröffentlichten Rudolf Meringer und Carl Mayer die erste deutschsprachige **Versprechersammlung** mit ca. 4.000 Einträgen, eine Pionierarbeit, die auch heute noch gerne zitiert wird: *Versprechen und Verlesen – eine psychologisch-linguistische Studie.* Seit Anfang der 1970er Jahre sind Korpora in den USA, Spanien, Finnland, Norwegen, Jordanien und in Deutschland erstellt worden. Die heutigen Sprachproduktionsmodelle basieren auf Erkenntnissen, die aus den sprachsystematischen Eigenschaften von Versprechern abgeleitet wurden.

Bei **Fragebögen** können unterschiedliche Fragetypen verwendet werden: offene Fragen ohne Antwortvorgaben (*Was halten Sie von Anglizismen im Deutschen?*), halboffene Fragen mit Antworteinschränkung (*Wie viele Verben mit der Endung -ieren kennen Sie?*) oder geschlossene Fragen mit Antwortalternativen (*Was ist ein Wug? – a) ein Tier, b) eine Waffe, c) kein existierendes Wort im Deutschen*). Bei geschlossenen Fragen kann die Beurteilung auch mit mehrfach abgestuften Antwortvorgaben (*rating scale*) erfolgen, z. B. *sehr einfach – einfach – mittelmäßig – schwierig – sehr schwierig.*

Neben **Beobachtungen**, **Interviews** und **Gesprächsanalysen** gibt es auch die **Elizitation**, d. h. die Veranlassung spezifischer Sprachäußerungen. Bei der Elizitationstechnik können die Probanden beispielsweise gebeten werden, einen Satz zu vollenden, einen

Weg zu beschreiben oder Assoziationen bzw. Adjektive zu einer bestimmten Sache zu nennen. Bei einer **Satzergänzung**, wie *Nina ruft Charlotte an, weil sie* ... ermöglicht eine Vervollständigung des Satzes Rückschlüsse darauf, wie das Pronomen *sie* interpretiert wird – es kann sich auf Nina, auf Charlotte oder auf beide beziehen. Bei **Szenenbeschreibungen** kann z. B. untersucht werden, ob Aktiv- oder Passivsätze gebildet werden (**Satzkonstruktion**). Mit einer Elizitation lässt sich auch untersuchen, welche sprachlichen Mittel angewendet werden, um einem Hörer ein Objekt zu beschreiben. Hierbei wurde beispielsweise gezeigt, dass Sprecher zur Überspezifikation bestimmter Objektmerkmale neigen. Die Aufgabe bestand darin, aus einer großen Auswahl an Objekten ein einzelnes Objekt eindeutig zu beschreiben, so dass es von einem Gesprächspartner, der die Auswahl nicht sehen kann, identifiziert werden kann. Pechmann (1994) führt zur Unterscheidung von einem großen weißen Quadrat und einem kleinen weißen Quadrat folgende Möglichkeiten auf:

- Eine Objektbenennung ist referenziell unterspezifiziert, wenn nicht alle unterscheidenden Merkmale genannt werden, z. B. *das Quadrat*.
- Eine Objektbenennung ist referenziell überspezifiziert, wenn mehr als die unterscheidenden Merkmale genannt werden, z. B. *das große weiße Quadrat*.
- Eine Objektbenennung ist referenziell minimal spezifiziert, wenn genau die unterscheidenden Merkmale genannt werden, z. B. *das große Quadrat*.

Eine klassische Methode aus der Sprachperzeption, die aber auch in Experimenten der Sprachproduktionsforschung Anwendung findet, ist die **lexikalische Entscheidungsaufgabe** (*lexical decision task*): Die Versuchsperson soll so schnell wie möglich entscheiden, meist durch Drücken einer Taste, ob der präsentierte Stimulus ein Wort darstellt oder nicht (z. B. *Maus* vs. *Mauk*). Um dies zu entscheiden, müssen Versuchspersonen auf ihr mentales Lexikon zugreifen. Bei einer **semantischen Entscheidungsaufgabe** sollen die Versuchspersonen schnellstmöglichst entscheiden, ob ein präsentiertes Wort ein belebtes Objekt bezeichnet oder nicht (z. B. *Panda* vs. *Propaganda*) und bei einer **Satzverifikation** soll entschieden werden, ob ein präsentierter Satz im Hinblick auf das Allgemeinwissen oder bezogen auf ein Bild wahr ist oder nicht. Vergleicht man bei einer lexikalischen Entscheidungsaufgabe **ambige** (mehrdeutige) Wörter, wie *Bank, Feder, Atlas, Schraube, Flügel, Brücke, Zug* mit eindeutigen Wörtern, die genauso frequent sind, werden ambige Wörter schneller als eindeutige Wörter erkannt. Interessanterweise wird ein Wort umso schneller als Wort erkannt, je mehr Bedeutungen es hat. Ein Sprecher braucht sich bei einer lexikalischen Entscheidung eigentlich nicht mit der Bedeutung zu befassen, aber anscheinend tut er es doch. Daraus folgt, dass ambige Wörter *pro Bedeutung* einen Eintrag im mentalen Lexikon haben. Die Reaktionszeit, die gemessen wird, um zu entscheiden, ob es sich beispielsweise bei *Nagel* um ein Wort handelt oder nicht, bezeichnet die Zeit, die benötigt wird, um mindestens einen der beiden Einträge im mentalen Lexikon zu finden (Fingernagel vs. Nagel, um ein Bild aufzuhängen). Die Hobby-Ornithologen kennen noch eine weitere Bedeutung: die obere hornverstärkte Schnabelspitze bei Vögeln.

Die primäre Datenbasis in der Sprachproduktionsforschung war bis in die 1980er Jahre hinein geprägt durch Versprecher, Wortfindungsstörungen sowie **Pausen-, Verzögerungs- und Selbstkorrekturphänomene**. Zu den Hesitationsphänomenen gehören stille Pausen und gefüllte Pausen (*äh, mhm, hihi*), Silbendehnungen, falsche Starts und Satzabbrüche, Wiederholungen, Versprecher und ihre Korrekturen sowie Reformulierungen. Manchmal haben Sprecher den Eindruck von häufigen Fehlern, allerdings ist dies meist auf vermehrte **Unflüssigkeiten** zurückzuführen. Solche Unterbrechungen und Abbrüche von Äußerungen enthalten per se keine Fehler. In einer Studie von Blackmer und Mitton (1991) wurde gezeigt, dass Personen während des spontanen Sprechens etwa alle fünf Sekunden ihre Äußerungen unterbrechen oder ganz abbrechen. Allerdings sind davon nur 3 % zur Korrektur von Fehlern vorgesehen (Schriefers 2003: 8). Pausen bieten dem Sprecher nicht nur die Gelegenheit, einen Fehler zu korrigieren, sondern können auch schlichtweg als Planungszeit bei längeren Äußerungen oder bei Wortfindungsstörungen dienen.

Ergänzt wurden diese klassischen behavioralen Methoden durch chronometrische Verfahren, in denen **Reaktionszeiten** (*reaction times*) gemessen werden, wie z. B. in Priming- und Bildbenennungsstudien. Der stärkste innovative Einfluss auf die Sprachproduktionsforschung entstand durch das **Bild-Wort-Interferenz-Paradigma** (BWI-Paradigma), eine Bildbenennaufgabe, die den Zeitverlauf des lexikalischen Zugriffs untersucht. Die Versuchspersonen benennen hierbei so schnell wie möglich Bilder, die auf dem Computer präsentiert werden. Bei jedem Bild wird entweder visuell oder auditiv ein Ablenkerwort (*distractor*) dargeboten. Dieses kann semantisch, morphologisch, phonologisch oder orthographisch mit dem Bildnamen verwandt sein. Die Probanden werden instruiert, diese Wörter zu ignorieren. Zahlreiche Studien zeigten, dass Personen nicht in der Lage sind, das Distraktorwort zu ignorieren. Das Wort wird gelesen und verarbeitet, ähnlich wie beim Stroop-Effekt. Wenn das Distraktorwort ein existierendes Wort ist, sind die Reaktionszeiten länger als in der Kontrollbedingung (eine Reihe von Kreuzen). Die Wörter können in unterschiedlicher **Stimulus-Onset-Asynchronie** (SOA, d. h. die Zeitverschiebung zwischen Bild- und Distraktor-Einsatz) dargeboten werden, wobei die Relation zwischen Bild und Distraktor die Benennlatenz beeinflusst: Werden Bild und Distraktorwort zeitgleich dargeboten, dann beträgt die SOA 0. Erscheint zuerst das Bild und dann das Wort, handelt es sich um eine positive SOA. Wird hingegen zuerst das Wort präsentiert und anschließend das Bild, ist die SOA negativ. Die Länge des Intervalls kann dabei variieren, so war bei einer SOA von beispielsweise -200 das Wort bereits 200 ms lang auf dem Bildschirm bevor das Bild, das benannt werden soll, präsentiert wurde. Solch eine Voraktivierung, die auf verschiedenen sprachlichen Ebenen möglich ist, nennt man **Priming**: ein zeitlich früher präsentierter Reiz (der Prime) kann dabei den folgenden (das Zielwort, *target*) beeinflussen. Die lexikalische Entscheidungsaufgabe oder die Bildbenennung werden häufig mit dem Priming kombiniert. Ein positiver Priming-Effekt liegt dann vor, wenn die Reaktion nach dem Prime schneller ist (Beschleunigung/Erleichterung, *facilitation*) und ein negativer Effekt, wenn die Reaktion nach Präsentation des Primes langsamer wird (Verlangsamung/Hemmung, *interference, inhibition*). Die Reaktionszeiten bei einem BWI-Experiment sind z. B. dann länger, wenn der Distraktor zur selben semantischen Kategorie gehört (Bild: *Apfel*, Distraktor: *Banane*) und wenn Bild und Wort etwa zeitgleich präsentiert werden. Die Reaktionszeiten sind kürzer, wenn der Distraktor dem Zielwort phonologisch ähnlich ist (Bild: *Apfel*, Distraktor: *Applaus*) und zuerst das Bild, dann das Wort präsentiert wird. Bei den phonologischen Effekten variiert der zeitliche Rahmen allerdings sehr stark (Schriefers, Meyer, Levelt 1990). Das Priming kann auch maskiert sein (***masked priming***), das bedeutet, dass der Prime nur für wenige Millisekunden visuell präsentiert wird und von den Probanden zwar nicht bemerkt, aber dennoch unbewusst verarbeitet wird. Dass ein Prime ungeachtet dieser kurzen Zeit einen Effekt auf die anschließende Aufgabe hat, wurde beispielsweise von Forster und Kollegen im Zusammenhang mit der lexikalischen Entscheidungsaufgabe gezeigt (Forster et al. 2003).

Reaktionszeiten werden auch beim **Eye-Tracking** und bei bildgebenden Verfahren erhoben. Beim Eye-Tracking werden Blickbewegungen gemessen, ein Verfahren, das in der Leseforschung und in der Marktforschung schon länger Anwendung findet. Diese Methode beruht auf der Annahme, dass das, was betrachtet wird, auch gerade verarbeitet wird. Eine Kamera misst dabei Blickbewegungen durch Beleuchtung der Augen mit Infrarotlicht. Die Kamera kann auf einem Tisch stehen oder direkt am Kopf des Probanden befestigt sein. Bei der Untersuchung von Leseprozessen wird beispielsweise untersucht, ob es Vorsprünge in Leserichtung (progressive Sakkaden) oder Rücksprünge auf bereits Gelesenes (regressive Sakkaden) gibt. Beim Sprechen, z. B. bei einer Szenenbeschreibung, kann beobachtet werden, wohin der Sprecher schaut und ob die Wortreihenfolge im Satz mit der Reihenfolge der fixierten Objekte zusammenhängt. Im sog. **Visual World Paradigma** hört ein Proband Sätze, während er Bilder auf einem PC zu sehen bekommt. Dabei wird untersucht, ob die Blicke von den gehörten Äußerungen beeinflusst werden. Auch in der Werbepsychologie findet das Eye-Tracking Anwendung: Beim Gang durch den Supermarkt mit einer am Kopf befestigten Kamera oder auch beim Blick auf Webpages kann untersucht werden, wohin geschaut wird und wie lange der Kunde ein Produkt betrachtet – je länger und öfter der Blick dorthin, desto interessanter erscheint das Produkt. Dabei spielt die Fixationswahrscheinlichkeit, d. h. ob das Objekt bzw. das Wort überhaupt betrachtet wird, sowie die Dauer der Erstfixation und die Gesamtfixationsdauer eine Rolle.

Methoden der funktionellen Bildgebung können die anatomische Struktur des Gehirns und seine Funktionsweise visualisieren. Damit lassen sich auch der Ort und die Art der Hirnschädigung (Läsion) bei Patienten bestimmen. Diese **bildgebenden Verfahren** werden im Folgenden kurz dargestellt.

Die Magnetenzephalographie (**MEG**) misst die magnetische Aktivität des Gehirns. Dabei werden die Magnetfelder meist zuerst durch Spulen erfasst und dann durch äußere Sensoren (*squids*) gemessen. MEGs sind vergleichsweise teure Geräte und benötigen monatlich etwa 400 Liter flüssiges Helium für die Kühlung.

Bei der Positronen-Emissions-Tomographie (**PET**) wird den Probanden eine schwach radioaktive Substanz (*tracer*) ins Blut injiziert und im PET-Scanner gemessen, in welchen Hirnarealen sich die Substanz bei einer Aufgabe anreichert. Die Hirnareale mit regionalen Veränderungen des Blutflusses können dann sichtbar gemacht werden.

Während bei der PET radioaktive Kontrastmittel eingesetzt werden, um ein messbares Signal zu erzeugen, beruht das Signal bei der funktionellen Magnetresonanztomographie (**fMRT**, engl. **fMRI**) auf einem natürlichen Kontrastmittel: Anhand von magnetischen Impulsen wird die Änderung der Sauerstoffkonzentration im Blut gemessen, das sog. Blood-Oxygen-Level-Dependent (BOLD-Signal). Die zu untersuchende Person liegt dabei im MRT-Scanner (auch Kernspintomographie) und bearbeitet Aufgaben, die akustisch über einen Kopfhörer oder visuell über einen Bildschirm präsentiert werden. Ziel der Untersuchung ist die Identifikation der Bereiche im Gehirn, die bei der Bearbeitung der Aufgabe involviert sind. Die aktiven Hirnareale werden farbkodiert in zwei- oder dreidimensionalen Bildern dargestellt.

Bei der Nahinfrarot-Spektroskopie (**NIRS**) wird Licht mit zwei verschiedenen Wellenlängen in den Kopf gestrahlt, das sowohl die Haare und die Kopfhaut als auch die Knochen durchdringt und an die obersten Kortexschichten gelangt. Die räumliche Auflösung ist zwar geringer als bei der fMRT, aber dafür ist diese Methode geräuschlos. Die NIRS ist einfach anzuwenden, lässt sich gut mit dem EEG kombinieren und kann auch zur Untersuchung von Säuglingen und Kindern verwendet werden (Stadie et al. 2010: 35f.).

Auch die transkranielle Magnetstimulation (**TMS**) zeigt an, welche Gehirnstrukturen bei welchen Aufgaben involviert sind. Dabei trägt die Versuchsperson eine Art Stirnband oder es wird eine Spule über den Kopf gehalten. Anhand von Magnetfeldern, die durch Haut und Knochen ins Gehirn dringen, wird die jeweilige Hirnregion vorübergehend gefördert oder gehemmt. Die Prozedur ist schmerzlos. Das Verfahren wird auch eingesetzt, um Krankheiten zu therapieren, bei denen einzelne Hirnareale beeinträchtigt sind, wie chronische Schmerzen, Depressionen oder Schlaganfälle.

Wenn es nicht um die räumliche Visualisierung des Gehirns, sondern um die zeitliche Dynamik von Sprache geht, kann dies mit der Elektroenzephalographie (**EEG**) untersucht werden. Die EEG misst Gehirnströme. Dabei wird mittels einer auf dem Kopf angebrachten Elektrodenhaube die elektrische Aktivität der Nervenzellverbänden (nicht die Aktivität einzelner Nervenzellen) erfasst. Aus gemittelten EEG-Signalen entstehen die sog. Ereigniskorrelierten Potenziale (**EKPs** bzw. engl. **ERPs**, *event related potentials*), die in Form von Schwingungen auf dem Bildschirm dargestellt werden. Anhand einer EEG können Sprachverarbeitungsprozesse *online* untersucht werden; das zeitliche Auflösungsvermögen liegt im Millisekundenbereich. Die Schwierigkeit, das EKP aus dem EEG zu extrahieren, besteht darin, dass die unsystematische Spontanaktivität des Gehirns (das sog. Rauschen) das systematische EKP deutlich überlagert.

Durch Errechnung von Mittelwerten hofft man auf eine zufällige Verteilung des Rauschens, das über viele Stimuli (auch *items, trials*) hinweg reduziert werden kann, so dass ein gutes Signal-Rausch-Verhältnis entsteht (Drenhaus 2010: 113f.).

Während das EEG eine hohe zeitliche Auflösung bietet, hat das fMRT eine hohe räumliche Auflösung. Anhand von EKPs haben beispielsweise Müller und Kutas (1997) festgestellt, dass Gattungsnamen und Eigennamen in einem Zeitfenster von ca. 100-200 ms nach der Darbietung unterschiedlich verarbeitet werden.

Unerheblich, welche Methode zum Datensammeln gewählt wurde, müssen diese anschließend aufbereitet und analysiert werden. Die Psycholinguistik bedient sich dabei an mathematischen Statistikverfahren. Den Unterschied zwischen **Material** und **Daten** formulieren Rickheit und Kollegen (2007: 34) treffend: „Daten entstehen erst durch die Anwendung eines quantitativen Analyseverfahrens auf die Materialien". Das bedeutet, dass eine statistische Analyse erfolgt, um die Hypothesen wahrscheinlichkeitstheoretisch zu testen, um darüber hinaus allgemeine Aussagen zu treffen. Dadurch können Entscheidungen über die Annahme oder die Ablehnung der zugrunde liegenden Theorien getroffen werden: Eine theoretisch begründete **Hypothese** wird durch eine empirische Untersuchung gestützt (angenommen) oder falsifiziert (verworfen). Wenn Sie sich eine Studie genauer anschauen, treffen Sie häufig auf das Wort **signifikant.** Dieser Begriff dient nicht der Untermauerung der Wichtigkeit der Untersuchung, sondern bezeichnet die statistische Wahrscheinlichkeit, dass sich das präsentierte Ergebnis nicht zufällig ergeben hat. Das Signifikanzniveau (der p-Wert) wird dabei in Prozentwerten für die Irrtumswahrscheinlichkeit angegeben, wobei $p = .05$ für 5 % Irrtumswahrscheinlichkeit steht. Mit einer Wahrscheinlichkeit von 95 % ist das Ergebnis bedingt durch systematische Unterschiede in den untersuchten Faktoren und mit 5 % Wahrscheinlichkeit rein zufällig. Es gibt zahlreiche statistische Verfahren, auf die hier nicht weiter eingegangen werden kann.

1.4 Zusammenfassung

In diesem Kapitel haben wir uns mit der Kodierung einer Idee in gesprochene Sprache beschäftigt. Es hat sich gezeigt, dass die Prozesse von der Intention zur Artikulation komplizierter sind, als man zunächst glauben mag. Beim Sprechen sind pragmatische, semantische, morpho-syntaktische und phonologische Prozesse involviert. Auch wenn nur ein einzelnes Wort produziert werden soll, müssen alle drei Stufen im Sprachverarbeitungsprozess durchlaufen werden: vom Konzept zum Lemma weiter zum Lexem. Aufgrund dieser Komplexität liegt es auch nahe, dass hochfrequente Wörter schneller produziert werden können als seltene oder neu gelernte Wörter. In unserem mentalen Lexikon sind Wörter nicht alphabetisch wie in einem Wörterbuch, sondern netzwerkartig organisiert und mit semantisch und phonologisch ähnlichen Wörtern verlinkt. Bei der Sprachproduktion spielen auch die sozialen Rahmenbedingungen und die Kommunikationspartner mit ihrem jeweiligen Weltwissen eine Rolle.

Es gibt zahlreiche Untersuchungsmethoden in der Sprachproduktionsforschung, wie die klassischen behavioralen Methoden (z. B. Priming, Reaktionszeitmessung, Eyetracking) und die neurowissenschaftlichen Methoden, wie EEG und fMRT.

Aufgabe 1: Sammeln Sie für ein paar Wochen Versprecher von Ihnen und Ihren Mitmenschen. Achten Sie darauf, den ganzen Satz zu notieren und nicht nur den Versprecher an sich. Notieren Sie auch, ob und wann eine Korrektur stattgefunden hat. Analysieren Sie, ob es Gemeinsamkeiten bei den Versprechern aus Ihrer Versprechersammlung gibt.

Aufgabe 2: Angenommen, Sie präsentieren ein Bild, auf dem zu sehen ist, dass die Vogeldame Dauphine vom Kater Pankow gefangen wird, und Sie möchten, dass Ihre Probanden dies mit einem Passivsatz beschreiben (*Der Vogel wird von der Katze gefangen* anstatt *Die Katze fängt den Vogel*) – wie würden Sie vorgehen?

Aufgabe 3: Worin liegen die Unterschiede zwischen einer EEG- und einer fMRT-Untersuchung?

Aufgabe 4: Warum ist syntaktisches Priming besonders gut in Dialogsituationen hervorzurufen?

Grundbegriffe: Kompetenz, Performanz, mentales Lexikon, Wortschatz, lexikalischer Zugriff, Konzept, Lemma, Lexem, Experiment, behaviorale Methoden, bildgebende Verfahren

Weiterführende Literatur: Grundlagen der Psycholinguistik vermitteln die Einführungen von Dietrich/Gerwien (2017), Höhle (2010) sowie Rickheit et al. (2007). Albert/Marx (2010) stellen Methoden des empirischen Arbeitens in der Linguistik vor; zur Versuchsplanung und zur statistischen Auswertung siehe Field/Hole (2003) und Huber (2019).

2. Von der Intention zur Artikulation

Was passiert ‚im Kopf' bevor ein Wort oder ein Satz geäußert werden kann? Seit den 1970er Jahren werden diverse Modelle der Sprachproduktion vorgeschlagen. Mit fortschreitendem Wissen über die Denkprozesse wurden ehemalige ‚Ganzheiten' in immer kleinere Bausteine zerlegt. In allen Modellen wird der Sprachproduktionsprozess in mehrere Teilkomponenten aufgeteilt. In der Regel werden nach Levelt (1989) drei Teilprozesse unterschieden: *Konzeptualisierungsprozesse* übersetzen die kommunikativen Absichten eines Sprechers in eine vorsprachliche Botschaft; *Formulierungsprozesse* steuern die Abbildung dieser Botschaft auf eine angemessene sprachliche Form und die *Prozesse der Artikulation* dienen der motorischen Umsetzung phonetischer Pläne (siehe Abb. 2).

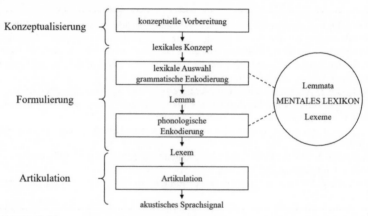

Abb. 2: Teilkomponenten der Sprachproduktion.

Im Folgenden gehen wir detaillierter auf die einzelnen Teilprozesse ein.

2.1 Konzeptualisierung

Auf der ersten Prozessstufe werden Informationen selektiert und organisiert. Als Resultat entsteht eine nicht-sprachliche kognitive Struktur, die als intendierte oder **präverbale Botschaft** (*preverbal message*, Levelt 1989) bezeichnet wird.

Um beispielsweise ein großes Pferd zu benennen, müssen zwei lexikalische Konzepte aus dem mentalen Lexikon aktiviert werden:

20

groß + *Pferd.* Um ein weißes Pferd zu benennen, kann nur ein lexikalisches Konzept, nämlich *Schimmel,* als Teil der präverbalen Botschaft ausgewählt werden. Während diverse Fachbegriffe für Pferde unterschiedlicher Färbung vorliegen, wie *Rappe* (schwarzes Pferd), *Brauner* (braunes Pferd), *Isabell* bzw. *Palomino* (cremefarbenes Pferd), müssen beispielsweise Hunde oder Katzen bei Nennung der Färbung immer mit zwei lexikalischen Konzepten (*weiß/braun/ schwarz* und *Hund/Katze*) als Teil der Botschaft markiert werden, denn im Deutschen gibt es z. B. für einen weißen Hund oder eine weiße Katze keinen eigenen Terminus. Levelt und Kollegen (1999) bezeichnen dies als Verbalisierungsproblem. Die Frage, welche Konzepte für die Vermittlung der Sprechabsicht ausgewählt werden sollen, wird durch das Einbeziehen von pragmatischer und kontextueller Information gelöst.

Die Konzeptualisierung umfasst zwei Teilschritte: die Makro- und die Mikroplanung (Levelt 1989). Bei der **Makroplanung** entscheidet der Sprecher unter anderem, welche Informationen für die geplante Äußerung verarbeitet werden sollen und welche Informationen unerwähnt bleiben können, da sie dem Hörer schon bekannt sind oder aus dem Kontext abgeleitet werden können. Anschließend wird die Reihenfolge festgelegt, in der die verschiedenen Gegebenheiten produziert werden sollen, das **Linearisierungskriterium**. Bei natürlichen Ereignissen tendieren wir dazu, die Äußerungsreihenfolge mit der Ereignisreihenfolge gleichzusetzen. Damit folgt man dem **Prinzip der natürlichen Ordnung**. Anstatt einer chronologischen Reihenfolge in einer Erzählung kann ein Sprecher auch Ausdrücke markieren, die von diesem Prinzip abweichen, z. B. ,A geschah *nachdem* B passierte'. Um eine Person zu beschreiben, wird von oben nach unten vorgegangen, und die Beschreibung einer Wohnung erfolgt beispielsweise durch die Vorstellung eines imaginären Gangs durch die Räume. Levelt (1982: 211) spricht hierbei vom **Prinzip des geringsten Aufwands**.

Das Resultat der Makroplanung ist eine Sequenz von Sprechaktintentionen, die hinsichtlich ihrer Art und ihres semantischen Gehalts klassifiziert sind. Anschließend wird in der **Mikroplanung** die Informationsstruktur der einzelnen Sprechakte ausgearbeitet. Hierbei spielen die Wortwahl, aber auch die Sprecherperspektive eine Rolle. Die **Perspektivierung** entscheidet über das Wie des Message-Aufbaus und erfolgt auch dann, wenn nur ein einzelnes Konzept verbalisiert werden soll. Dasselbe Objekt wird je nach Wahl der Perspektive als *Fahrzeug, Auto* oder *VW* benannt, je nach Register als *Karre, Baby* oder *Wagen.* Anhand der Zuweisung eines Verfügbarkeitsstatus wird bei der Perspektivierung auch festgelegt, ob ein Element im Fokus, innerhalb oder außerhalb des Diskursmodells ist, beispielsweise ob sich ein Hund rechts oder links von einem Auto befindet: LINKS (HUND, AUTO) oder RECHTS (AUTO, HUND). Die *deiktische Perspektive* bezeichnet eine dreistellige Relation zwischen Sprecher, Referent und Relatum; die *intrinsische Perspektive* hingegen eine zweistellige Relation zwischen dem Referenten und dem Relatum als Ursprung (Levelt 1989: 49). Während des Planungsprozesses wird dies die sprachliche Umsetzung der präverbalen Botschaft beeinflussen.

Die Vernetzung von Informationen in einem Diskurs macht ihn kohärent. **Kohärenz** ist das Ergebnis eines Ensembles von Verknüpfungen über die Äußerungsgrenzen hinweg (Dietrich/Gerwien 2017: 123). Die wesentlichen Arten der Verknüpfung sind: Neueinführung oder Wiederaufnahme einer Information, Erhalt der Information, Kombination von Erhalt- und Neueinführungsbezeichnung (z. B. bei Wegbeschreibungen).

Die Information einer Message ist zudem durch die **Topik-Fokus-Unterscheidung** gegliedert. Eine bereits bekannte Information, die in einem Gespräch schon genannt wurde oder vorauszusetzen ist, gehört zur Topik-Information, während eine neue Information, die also noch zu spezifizieren ist, zur Fokusinformation gehört. Den Konzepten bzw. Konzeptgruppen der präverbalen Botschaft werden noch thematische Rollen zugeordnet (siehe nächster Abschnitt).

Die Konzeptualisierung ist also für den pragmatischen und semantischen Bereich zuständig. Das Wissen bezieht der Konzeptualisator aus dem Langzeitgedächtnis (Welt- und Diskurswissen) und aus der Kommunikationssituation. Das gemeinsame Wissen von Sprecher und Hörer (*common ground*) dient als Voraussetzung für die beabsichtigte Verständigung, um eine gemeinsam koordinierte Handlung (*joint action*) durchzuführen. Dazu zählt auch die *Theory of Mind* (ToM), die Fähigkeit, die Welt aus dem Blickwinkel des Gegenübers zu sehen. Die ToM ist bei jedem Sprecher unterschiedlich leistungsfähig und hängt vom Entwicklungsalter und der sozialen Intelligenz ab. Vor allem Personen mit einer Autismus-Spektrum-Störung fehlt die Fähigkeit, anderen Personen bestimmte Bewusstseinszustände zuzuschreiben und diese zu erfassen. Bei normal entwickelten Kindern nimmt man die ToM ab dem Ende des ersten Lebensjahres an (Astington/Dack 2008).

Alle Teilaspekte der Konzeptualisierung führen dazu, eine vorsprachliche Botschaft zu generieren, die im Formulierungsprozess als Input verarbeitet wird.

2.2 Formulierung

In der Formulierungsphase wird die zu verbalisierende Botschaft in ein artikulierbares Format umgewandelt. Die Formulierung setzt sich zusammen aus: der Auswahl der benötigten Lemmata, einer grammatischen Enkodierung, der Aktivierung phonologischer Segmente und der Vorbereitung eines Programms, das die entsprechenden Muskelgruppen bei der anschließenden Artikulation steuert. Dazu werden zunächst geeignete lexikalische Einträge aktiviert und selektiert. Die Wortwahl wird auch als **lexikalischer Zugriff** (*lexical access*) bezeichnet; zunächst erfolgt der Zugriff auf das Lemma, anschließend auf das Lexem (vgl. Abschnitt 1.2). Das System muss sich hierbei für *einen* lexikalischen Eintrag und damit gegen eine Anzahl von potentiellen Alternativen, die *semantische Kohorte*, entscheiden. Anschließend erfolgt die **grammatische** bzw. **syntaktische Enkodierung.** Hierbei wird der syntaktische Rahmen der geplanten Äußerung erzeugt und den ausgesuchten lexikalischen Einträgen syntaktische Funktionen (wie Subjekt/Nominativ, Objekt/Akkusativ bzw. Objekt/Dativ) zugeteilt. Die thematischen Rollen steuern maßgeblich diese Zuweisung, damit die Rollenverteilung zwischen Handelndem (Agens) und Handlungsempfänger (Patiens) korrekt abgebildet wird, z. B. *Hans verprügelt Peter* und nicht *Peter verprügelt Hans*. Allerdings können auch bestimmte Merkmale der beteiligten Verben eine abweichende Zuordnung bewirken, z. B. *Sie* (hier: Subjekt/Agens) *gibt ihm einen Kuss* versus *Sie* (hier: Subjekt/Patiens) *erhält einen Kuss* – in einem Passivsatz wird der Handlungsempfänger mit der syntaktischen Funktion Subjekt assoziiert. Dieser Schritt der Zuordnung syntaktischer Funktionen wird **funktionale Verarbeitung** (*functional processing*) genannt. Dies genügt aber nicht, um die Reihenfolge der Wörter in einem Satz zu bestimmen. Dies geschieht erst bei der sprachspezifischen **positionalen Verarbeitung** (*positional processing*) durch die Ausarbeitung der linearen Anordnung. Es geht dabei nicht nur um die Reihenfolge der Phrasen, sondern auch um die Reihenfolge der Wörter innerhalb der Phrasen. In romanischen Sprachen steht beispielsweise das Adjektiv in der Regel hinter dem Nomen und nicht (wie im Deutschen) davor. Im Deutschen lässt sich beispielsweise das direkte Objekt durch Topikalisierung an den Satzanfang stellen, im Englischen (zumindest in der Schriftsprache) funktioniert dies nicht, z. B. *Ihre Hausarbeit hat die Studentin geschrieben* (aber nicht **Her thesis the student has written*) – in Spezialfällen, um etwas in der gesprochenen Sprache zu betonen, kann das

Objekt nach links ausgeklammert werden. In jedem Fall steht aber das Subjekt im Englischen immer vor dem finiten Verb.

Nach der grammatischen Enkodierung liegt eine **Oberflächenstruktur** (*surface structure*) vor, in der die Lemmata in der Reihenfolge festgelegt sind, in der sie später produziert werden sollen. Diejenigen Anteile der im Aufbau begriffenen Oberflächenstruktur, die festgelegt sind, werden im nächsten Schritt der **morpho-phonologischen Enkodierung** unterzogen. Hierbei wird zu jedem festgelegten Lemma das zugehörige Lexem aufgerufen und morphologisch und dann phonologisch enkodiert. Anhand von segmentaler, metrischer und prosodischer Information wird die Oberflächenstruktur der Äußerung dadurch letztlich in einen **phonologischen Plan** übersetzt. Der zeitliche Ablauf der phonologischen Enkodierung hängt von drei Faktoren ab: (a) vom Prinzip der inkrementellen Produktion, (b) von der Reihenfolge, in der die Lemmata aktiviert sind und (c) von der Zeit, in der das Lexem aktiviert ist (Dietrich/Gerwien 2017: 154).

Der phonologische Plan dient schließlich als Input für die **phonetische Enkodierung**. Damit werden die Prozesse der motorischen Kodierung bezeichnet. In diesem letzten Schritt vor der Artikulation wird der phonologische Plan in ein Programm für die motorische Steuerung der Artikulationsorgane übersetzt. Es wird eine artikulatorische Geste (*articulatory/gestural score*) für die Produktion einer Silbe angenommen. Die phonologischen Silben aktivieren demnach artikulatorische Gesten für Silben. Im sogenannten **Silbenlexikon** (*mental syllabary*) sind häufig verwendete Silben gespeichert. Statistiken zeigen, dass Muttersprachler des Englischen und des Holländischen (Sprachen mit über 10.000 möglichen Silben) mit nur 500 verschiedenen Silben etwa 80 % ihrer Äußerungen bilden können (Schiller et al. 1996). Diese frequenten Silben einer Sprache können als motorische Routinen in ihrer Ganzheit gespeichert werden, während seltene Silben *on the fly*, d. h. Segment für Segment, konstruiert werden (Levelt 1999). Levelt und Wheeldon (1994) gehen von der Silbe als Einheit für die phonetische Enkodierung aus, da die Silbe die Domäne der Artikulation sei. Ihre Experimente bieten Evidenz für ein mentales Silbenlexikon: Den Versuchspersonen wurden Symbole vorgelegt, die mit Wörtern assoziiert wurden (z. B. xxx = apple). Anschließend wurden die Symbole nochmals präsentiert und die Personen sollten so schnell wie möglich das zugehörige Wort nennen. Die Autoren haben aufgezeigt, dass der Silbenfrequenzeffekt unabhängig vom Wortfrequenzeffekt war, und dass zweisilbige Wörter, die mit einer hochfrequenten Silbe endeten, schneller produziert werden konnten im Vergleich zu zweisilbigen Wörtern, die auf einer niedrigfrequenten Silbe endeten.

2.3 Artikulation

Im letzten Teilprozess werden die beim Sprechen involvierten Artikulationsorgane koordiniert und deren Muskelgruppen aktiviert, so dass ein Sprecher einen Luftstrom zwischen Kehlkopf und Lippen produziert und moduliert, der dann in Form von Schallwellen vom Hörer aufgenommen und von seinem Sprachwahrnehmungssystem dekodiert wird. Die Artikulation unterliegt größtenteils dem kognitiven Kontrollsystem (siehe Abschnitt 2.4), da ein Sprecher sein Sprechtempo variieren und auch die Art und Weise der Artikulation bewusst modulieren kann.

Für die Modellierung der Sprachproduktion stellt die Geschwindigkeit und Flüssigkeit der einzelnen Prozesse ein zentrales Problem dar. Man könnte vermuten, dass vor der eigentlichen Äußerung die inhaltliche und formale Planung strikt sequenziell durchlaufen und komplett fertiggestellt sein muss. Würde dies jedoch zutreffen, dann müssten Verzögerungen vermehrt am Anfang von Äußerungen und zwischen Teiläußerungen auftreten und selten innerhalb von Äußerungen – dies deckt sich aber nicht mit den empirischen Daten zu Pausen- und Verzögerungsphänomenen. Um zu erklären, dass man meistens flüssig spricht, gehen aktuelle Sprachproduktionsmodelle von einer **inkrementellen Verarbeitung** aus, die besagt, dass die Verarbeitung auf einer bestimmten Ebene begonnen werden kann, sobald ein Fragment der Gesamtäußerung auf der vorhergehenden Ebene fertiggestellt wurde. Auf den unterschiedlichen Prozessebenen kann also gleichzeitig an verschiedenen Stücken (Inkrementen) einer Äußerung gearbeitet werden, wodurch eine gleichzeitige Sprechplanung von Konzeptualisierung, Formulierung und Artikulation möglich ist. Es kann auch zu Inversionen kommen, da die Verarbeitungszeiten der drei Teilprozesse unterschiedlich sein können, wodurch sich die Reihenfolge, in der die Fragmente konzeptualisiert wurden, von der Reihenfolge ihrer Artikulation unterscheiden können.

2.4 Selbstkontrolle und Selbstreparatur

Beim Sprechen kontrollieren wir uns selbst: Wir überprüfen unsere geplante und gesprochene Äußerung (*self-monitoring*) und korrigieren uns selbst (*self-repair*). Voraussetzung für die Reparatur eines Fehlers ist ein Monitor, „der Indizien für fehlerhafte Produktionen als Anstoß nimmt, die Produktion an geeigneter Stelle wieder aufzunehmen" (Eikmeyer 2003: 66). Die Kontrolle eines Fehlers kann von einem **externen Monitor** geschehen, der den geplanten Input mit dem produzierten Output vergleicht und bei Abweichungen die Produktion stoppt und den Fehler korrigiert. Beim Monitoring wird Aufmerksamkeit benötigt, so dass es zumindest teilweise bewusst abläuft und damit kognitive Ressourcen beansprucht werden.

Diskutiert werden zwei Möglichkeiten, wie der Sprecher bemerken kann, dass seine Äußerung problembehaftet ist und einer Reparatur bedarf. Levelt (1983) geht in seiner *perceptual theory of monitoring* davon aus, dass die Ergebnisse von Teilprozessen der Sprachproduktion mit den Mitteln des Sprachverstehens analysiert und auf ihre Korrektheit hin überprüft werden. Eine zweite Möglichkeit ist eine *production theory of monitoring* (z. B. von MacKay 1992), bei der die Ergebnisse von Teilprozessen der Sprachproduktion mittels Kriterien der Produktion überprüft werden.

Im System von Levelt (1989) sind drei Monitorsysteme vorgesehen. Der konzeptuelle Monitor (conceptual *monitor*) kontrolliert die präverbale Botschaft, bevor sie auf die Ebene der Formulierung weitergeleitet wird. Nach der Formulierung und nach der Artikulation sind nochmals Rückmeldeschleifen vorgesehen. So überprüft der Monitor anhand einer internen Schleife die geplante Information (*internal speech*) und anhand einer externen Schleife die produzierte Äußerung (*overt speech*). Ökonomisch gedacht, könnten die internen und externen Kontrollmechanismen von einem einzigen System erfasst werden und so auch Sprachproduktion und Sprachperzeption (stärker) miteinander verbinden. Anhand des Monitors kann ein Sprecher nicht nur bereits produzierte eigene oder fremde Äußerungen kontrollieren und ggf. korrigieren, sondern auch eigene Fehlleistungen erkennen *bevor* sie geäußert werden. Dies zeigt folgende Selbstkorrektur: „[...] is a *v*-, a horizontal line" (Levelt 1983: 64). Der Fehler wird vom internen Monitor erkannt, bevor das Wort *vertical* zu Ende gesprochen wird, allerdings ist es schon zu spät, um die Artikulation des Onsets zu verhindern. Der Sprecher hat (unbewusst) seinen phonetischen Plan kontrolliert, man spricht von **präartikulatorischer Kontrolle**.

Andere Vertreter nehmen im Gegensatz zu Levelt eine **interne Kontrolle** an, die nicht nur an drei Stellen im System erfolgen kann, sondern an jeder Stelle im Netzwerkmodell (MacKay 1987; Berg 1988). Das Monitoring geschieht demnach durch Feedback-Prozesse zwischen den einzelnen Prozessstufen und nicht durch einen externen Monitor. Im nächsten Abschnitt gehen wir noch näher auf die verschiedenen Modelltypen ein.

Es gibt mehr Selbstkorrekturen an Phrasengrenzen, da der Konzeptualisierer schon seine Arbeit beendet hat, während der Formulator noch an der Enkodierung arbeitet. Die Prozesse der Formulierung verlaufen automatisch, also ohne Aufmerksamkeit, ab. Bei den Selbstkorrekturen gibt es verschiedene Kontrollvorgänge (Dietrich/Gerwien 2017: 159f):

- die inhaltliche Kontrolle (Wurden alle wichtigen Aspekte genannt?)
- die syntaktische Kontrolle (Überprüfung des Satzbaus)
- die Kontrolle der Ausdrucksweise (Mehrdeutigkeiten vermeiden, präzise sprechen, Kohärenz bilden)
- die lexikalische Kontrolle (Wurde das korrekte Wort produziert?)
- die Kontrolle der sprachlichen Korrektheit (Ist das Wort dem Kontext angemessen, wurde es korrekt ausgesprochen und richtig betont?)

Nach Schegloff und Kollegen (1977) werden vier Arten von Reparaturen unterschieden; dazu haben Schade und Kollegen (2003: 333) Beispiele konzipiert (Beispiel Nr. 3 wurde um den Versprecher ergänzt, NJH). Der Versprecher und die Korrektur sind hier kursiv gedruckt, das Monitoring ist unterstrichen:

1. **Selbsteingeleitete Selbstreparatur (*self-initiated self-repair*):** der Sprecher bemerkt den Fehler, unterbricht seine Äußerung und korrigiert sich selbst.

    S: Ich hab mir auf Sizilien den *Vesuv* <u>ähh</u> den *Ätna* angesehen.

2. **Fremdeingeleitete Selbstreparatur (*other-initiated self-repair*):** der Hörer bemerkt den Fehler und gibt dem Sprecher verbal oder nonverbal zu verstehen, sich zu korrigieren.

    S: Ich hab mir auf Sizilien den *Vesuv* angesehen.
    H: Den Vesuv?
    S: <u>Ähh ...</u> den *Ätna*, natürlich.

3. **Selbsteingeleitete Fremdreparatur** (*self-initiated other-repair*): der Sprecher bemerkt seinen Fehler, kann diesen aber nicht selbst korrigieren und bittet den Hörer darum.

> S: Ich hab mir auf Sizilien den *Vesuv* – äh, nein, den den wie heißt der noch gleich?
> H: Ätna?
> S: Ja, genau, den *Ätna* hab ich mir angesehen.

4. **Fremdeingeleitete Fremdreparatur** (*other-initiated other-repair*): der Hörer bemerkt den Fehler und korrigiert ihn.

> S: Ich hab mir auf Sizilien den *Vesuv* angesehen.
> H: Den *Ätna*!
> S: Ja ... den *Ätna*.

Selbsteingeleitete Selbstreparaturen sind primär sprecherorientiert, obwohl die inhaltliche Funktion auf den Hörer bezogen ist, denn unter kognitiver Belastung würde die Berücksichtigung der Hörerposition eigentlich entfallen. Der Eindruck der Hörerfreundlichkeit von Reparaturen stammt ausschließlich aus dem konventionalisierten Sprachgebrauch (Schade et al. 2003: 335).

Es könnten verschiedene Aspekte der Sprachproduktion überwacht werden (Levelt 1983), z. B. wenn wir eine andere Botschaft ausdrücken wollen (*different message repair*), wenn wir ein Wort den sozialen Standards anpassen (*appropriateness repair*), wenn wir ein falsches Wort produziert haben (*error repair*) oder eine Reparatur, wenn die Störquelle nicht zur Äußerung kommt (*covert repair*). Es scheint allerdings unwahrscheinlich, dass alle diese Aspekte simultan mit derselben Sorgfalt überwacht werden.

Das Monitoring kann unterschieden werden in eine automatische Kontrolle sowie Korrekturmechanismen zur Überarbeitung (*editing*), die Aufmerksamkeit benötigen. Zu viel Aufmerksamkeit bei der Kontrolle kann zum Stottern führen (Vasiç/Wijnen 2005: 226): „individuals who stutter habitually allocate too much processing resources to monitoring, and that, in doing so, the focus of their monitoring is maladaptively rigid.“

Die Produktion in einer Zweitsprache (L2) scheint weniger aufmerksam kontrolliert zu werden. Die automatische Kontrolle wird nicht vollständig ausgeführt und die Ressourcen für die Korrekturmechanismen zur Überarbeitung werden stattdessen für den korrekten lexikalischen Zugriff benötigt. In der Erstsprache (L1) geschieht der lexikalische Zugriff automatisch, ohne extra Ressourcen. Für die L2 werden (Aufmerksamkeits-)Ressourcen zur Selbstkontrolle benötigt, die dann zu verlangsamten Prozessen bei der Konzeptualisierung und bei der grammatischen Enkodierung führen (Kormos 2003).

Die produktionsbasierte Kontrolle ist automatisch, schnell und nicht akkurat. Es werden nicht nur Fehler zum Teil nicht bemerkt, sondern auch Fehlalarme produziert. Außerdem ist die Korrektur mit einem neuen Satzbeginn nur dann möglich, wenn wenig Fehler produziert wurden. Wenn die Anzahl der Fehlleistungen erheblich zunimmt, wie es bei Broca-Aphasikern der Fall ist, werden ständig neue Reparaturversuche unternommen, die gewöhnlich nicht gelingen (Kolk 1995).

Wörter, die dem Zielwort phonologisch und/oder semantisch ähnlich sind, werden mit geringerer Wahrscheinlichkeit vom Monitor als Fehler erkannt. Nicht immer kommt es zu einer geäußerten Korrektur, da der Sprecher vielleicht nicht merkt, dass er sich versprochen hat, und der Hörer den Fehler eventuell schon entdeckt und innerlich korrigiert hat. Mehr zur Korrektur von Versprechern bietet Abschnitt 4.4.

2.5 Gestik und Mimik beim Sprechen

Die Beziehung zwischen Sprache und nonverbalem Verhalten wurde früher selten untersucht, da sich die Linguistik auf die Sprache konzentriert und das sprachbegleitende, nonverbale Verhalten nicht ausreichend beachtet hat, während die Psychologie im Rahmen der Emotionsforschung die nonverbale Kommunikationsforschung in den Mittelpunkt rückte und dabei die Beziehung zur Sprache vernachlässigte. In letzter Zeit hat die Forschung im Bereich der Gestik jedoch stark zugenommen. Das nonverbale Verhalten umfasst das Blickverhalten, Gesten, aber auch Körperbewegungen. Dieser Abschnitt vermittelt einen ersten Überblick in diesen Bereichen, wobei der Fokus auf den Gesten liegt.

Gesten können zum einen als ‚Nebenprodukt' sprachlichen Ausdrucks betrachtet werden, d. h. dass Sprache auch ohne Gesten funktionieren kann und vice versa (*theory of independent communication systems*). Zum anderen können Gesten und Sprache Teilprozesse eines gemeinsamen Prozesses sein (*theory of integrated communication systems*), d. h. sie interagieren miteinander während der Sprachwahrnehmung und -produktion (McNeill 1992, 2005; Kita 2000). Kita und Özyürek (2003) haben in ihrem **Interface Model** vorgeschlagen, dass Gesten von einem Handlungsgenerator (*action* *generator*) und verbale Äußerungen von einem Nachrichtengenerator (*message generator*) interagierend geplant werden.

Das ‚Ausschalten' von Gesten wurde bereits früh untersucht: Der sowjetische Psychologie Dobrogaev (1931) forderte seine Probanden auf, während des Sprechens Handgesten, wenn möglich, zu unterdrücken. Es zeigte sich, dass

niemand diese Unterdrückung vollständig ausführen konnte ... die Sprache ... verlor ihre Intonation, ihre Dynamik und Ausdrucksfülle. Sogar die Wortwahl, die für die Darstellung der Sprachinhalte nötig ist, wurde anstrengend; die Sprache klang abgehackt, und die Anzahl der verwendeten Worte war stark reduziert (zit. nach Wallbott 2003: 262).

Auch Rauscher und Kollegen (1996) demonstrierten, dass Sprecher durch die Unterdrückung von Gesten unflüssig wurden. Die Manipulation des nonverbalen Verhaltens hatte Auswirkungen auf den Sprechausdruck; damit können Sprache und Gestik nicht unabhängig voneinander sein. Außerdem verwenden von Geburt an blinde Personen, die niemals Gesten bei anderen sehen konnten, ihre Hände beim Sprechen – sogar mit anderen blinden Kommunikationspartnern (Iverson/Goldin-Meadow 1998).

Gesten spiegeln die Gedanken eines Sprechers, häufig auch die unausgeprochenden. Goldin-Meadow und Alibali (2013) verweisen darauf, dass z. B. Ärzte, Lehrkräfte und Interviewer ihre Kommunikationspartner in der Verwendung von Gesten bestärken sollen, um ein besseres Verständnis zu ermöglichen. Darüber hinaus zeigten die Autoren, dass Gesten die Gedanken eines Sprechers verändern können, beispielsweise wie man über ein Problem denkt.

Das nonverbale Verhalten lässt sich unterscheiden in **vokales** und **nonvokales nonverbales Verhalten**: vokal bezeichnet Ausdruckserscheinungen, die mit der Stimme und den Sprechwerkzeugen einhergehen und dem Empfänger akustisch vermittelt werden, wohingegen nonvokal unabhängig von den Stimm- und Sprechwerkzeugen ist und die Motorik der übrigen Körpermuskulatur einbezieht und sich dem Empfänger visuell vermittelt (Scherer/Wallbott 1979).

Zum vokalen nonverbalen Verhalten zählen zeitabhängige Aspekte (z. B. Sprechdauer), stimmabhängige Aspekte (z. B. Stimmqualität) und kontinuitätsabhängige Aspekte (z. B. Pausen). Das nonvokale nonverbale Verhalten wird in verschiedene **Verhaltenskanäle** untergliedert (Gesicht = Mimik, Hände = Gestik, Augen = Blickverhalten, Körper = Körperhaltung und -bewegung). Auch physio-chemische Kanäle (olfaktorisch/gustatorisch, taktil und thermal) sowie ökologische Kanäle (wie die persönliche Aufmachung, Haare, Kleidung, Make-up, die Sitzverteilung im Raum sowie die interpersonale Distanz und das Territorialverhalten) spielen dabei eine Rolle. Eine Gliederung nonverbalen Verhaltens nach Verhaltenskanälen bietet Abbildung 3.

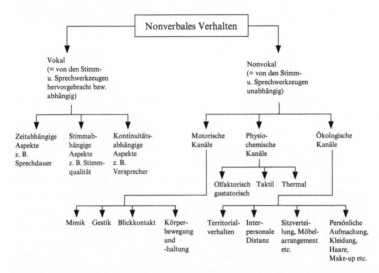

Abb. 3: Eine kanalorientierte Klassifikation nonverbalen Verhaltens (aus Wallbott 2003: 263).

Critchley (1939) unterschied *empirische Gesten*, d. h. symbolische Gesten, deren Bedeutung kulturell vermittelt ist, von *instinktiven Gesten*, die sprach- und kulturunabhängig und damit universell sind. Eine weit verbreitete funktionale Klassifikation wurde von Ekman und Friesen (1969) vorgeschlagen (vgl. Wallbott 2003: 264):

- **Illustratoren**: Verhaltensweisen, die in engem Zusammenhang zum Gesprochenen stehen und dies verdeutlichen oder illustrieren (z. B. Gesten, betonendes Augenbrauen-Hochziehen, Kopfbewegungen)
- **Adaptoren/Manipulatoren**: Verhaltensweisen, die der Erregungsabfuhr oder der Selbststimulierung dienen (z. B. Kratzen)
- **Embleme**: Verhaltensweisen, die die Sprache nicht ergänzen, sondern diese ersetzen können (z. B. das Anhalterzeichen, Kopfnicken und -schütteln, sich an den Kopf tippen, bestimmte Gesichtsausdrücke, vokale Embleme, wie *huch*)
- **Regulatoren**: Verhaltensweisen, die die Interaktion und das Ineinandergreifen von Sprechbeiträgen und den Sprecherwechsel

regeln und steuern helfen (z. B. Gesten, Heben der Stimme, Blickkontaktverhalten)

- **Affekt-Darstellungen**: Verhaltensweisen, die die Affekte, Emotionen und Stimmungen nonverbal ausdrücken können (z. B. Stimme, Körperhaltungen, emotionale Gesichtsausdrücke).

2.6 Zusammenfassung

Um einen Gedanken zu produzieren, durchläuft das Wort bzw. der Satz drei Schritte: Bei der *Konzeptualisierung* wird die kommunikative Absicht in eine vorsprachliche Botschaft, die Message, übersetzt. Diese Message wird bei der *Formulierung* grammatisch, phonologisch und phonetisch enkodiert. Im ersten Teilschritt der Formulierung wird die grammatische Information aktiviert (Lemma) und im zweiten Teilschritt dann die Wortform (Lexem). Der aus der Formulierung resultierende phonologische Plan wird bei der *Artikulation* motorisch umgesetzt. Aktuelle Sprachproduktionsmodelle nehmen eine *inkrementelle Produktion* an, d. h. die Verarbeitung auf einer bestimmten Ebene kann beginnen, sobald die vorhergehende Ebene ein Fragment der Gesamtäußerung beendet hat. Anhand eines Kontrollmechanismus (*Monitor*) kann ein Fehler verhindert werden bevor er passiert bzw. ein bereits produzierter Fehler vom Sprecher selbst oder vom Hörer korrigiert werden. Gesten illustrieren die gesprochene Sprache; eine Unterdrückung von Gesten bzw. illustrativen Handbewegungen kann den Sprachausdruck in großem Maße beeinflussen.

Aufgabe 1: Beschreiben Sie die drei Teilprozesse Konzeptualisierung, Formulierung und Artikulation in eigenen Worten.

Aufgabe 2: Was bedeutet Parallelität in einem Sprachproduktionsmodell?

Aufgabe 3: Betrachten Sie Ihre Versprechersammlung. Wie oft gab es Selbstkorrekturen und wie häufig wurde der Versprecher vom Hörer korrigiert? Wurden einige Versprecher nicht korrigiert, sondern vom Hörer einfach überhört?

Aufgabe 4: Achten Sie bei ihrem nächsten Gespräch mit einem Freund darauf, ob und inwieweit Gesten zur Untermauerung des Gesagten verwendet werden.

Fragen Sie zum Beispiel nach dem letzten Urlaub und fokussieren Sie sich auf die nonverbale anstatt die verbale Reaktion.

Grundbegriffe: Konzeptualisierung, Formulierung, Artikulation, Enkodierung, inkrementelle Verarbeitung, Selbstkontrolle (Monitoring), Selbstreparatur/Korrektur, Gesten, Mimik

Weiterführende Literatur: Ein Entwurf (*blueprint*) des Sprechers findet sich bei Levelt (1999); zum Monitoring siehe Nooteboom/Quené (2013). Einen umfangreichen Überblick über Gesten und Körpersprache bieten die Handbücher von Müller und Kollegen (Teil 1: 2013, Teil 2: 2014). De Stefani/De Marco (2019) untersuchten die Rolle von Gesten beim Sprachenlernen.

3. Modelle der Sprachproduktion

Nachdem wir in Kapitel 2 die einzelnen Schritte der intendierten Botschaft bis zu deren Artikulation dargestellt haben, sollen in diesem Kapitel die unterschiedlichen Modelle, die für den kognitiven Prozess der Sprachproduktion postuliert wurden, näher beschrieben und voneinander abgrenzt werden. Die drei Modelltypen, die in Konzept – Lemma – Lexem gegliedert sind, unterscheiden sich hinsichtlich der Informationsweitergabe: Aktiviert das Lemma nur ein Lexem oder gar mehrere Worformen parallel? Gibt es eine Rückkopplung vom Lexem zu Lemma? (vgl. Abb. 4). Außerdem werden noch Modelltypen ohne Lemma-Ebene vorgestellt.

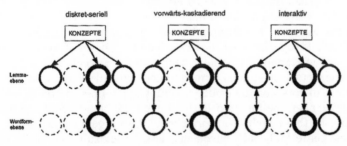

Abb. 4: Die Annahmen diskreter und nicht-diskreter Modelle im Vergleich. Links ist das diskret-serielle Modell abgebildet; zu den nicht-diskreten Modellen gehörten vorwärts-kaskadierende (mittig) und interaktive Modelle (rechts). Die Pfeile geben die Richtung der Aktivierungsübertragung an und die Liniendicke der Kreise zeigt den Grad an Aktivierung. Gestrichelte Linien deuten Repräsentationen an, die keine Aktivierung erhalten (aus Hantsch 2002: 3).

3.1 Diskret-serielle Modelle

In diskret-seriellen Modellen arbeiten alle Module unabhängig voneinander. Diese Modelle werden daher auch als autonome oder modulare Modelle bezeichnet. Der erste Entwurf eines solchen Modells stammt von Fromkin (1971). Garrett hat darauf aufgebaut und sein Modell in zahlreichen Publikationen vorgestellt (u.a. 1975, 1990). Buckingham (1990) hat noch Erweiterungen in Garretts Modell vorgenommen und Dümig und Leuninger (2013) haben Garretts Modell um die Verarbeitung von Gebärdensprache ergänzt. Das bekannteste diskret-serielle Modell stammt aber von Levelt (1989, 1998) bzw. Levelt und Kollegen (1999), wobei aber auch dieses Modell von Garretts Modell beeinflusst wurde.

Garrett (1975) unterscheidet zwischen drei Ebenen: einer funktionalen, einer positionalen und einer Lautebene. In diesem Modell verlaufen die Prozesse strikt von oben nach unten. Erst wenn die Verarbeitung auf einer Ebene abgeschlossen ist, kann die Verarbeitung auf der darauffolgenden Ebene beginnen; es gibt keine Rückkopplung. Auf der funktionalen Ebene werden die lexikalischen Beziehungen abgerufen und ihre grammatischen Beziehungen untereinander bestimmt. Daraufhin wird auf der positionalen Ebene zunächst der syntaktische Rahmen mit seinen grammatischen Elementen entworfen, in den dann die phonologisch spezifizierten Lexikoneinheiten eingefügt werden, d. h. die Einsetzung der lexikalischen Items (*filler*) in die strukturellen Positionen (*slots*). Abschließend werden auf der Lautebene die phonetischen Details der lexikalischen und grammatischen Einheiten spezifiziert.

In dem 1989 erschienenen *Buchelt vom Levelt* (so lautet ein Versprecher aus dem Frankfurter Versprecherkorpus von Leuninger) wird Levelts sog. *Speaking-Modell* eingeführt. Dieses Modell postuliert, wie in Kapitel 2 dargelegt wurde, drei Verarbeitungsmodule: den Konzeptualisator, den Formulator und den Artikulator. Innerhalb des Formulators sind die beiden ursprünglichen Ebenen von Garrett klar erkennbar: die funktionale (bei Levelt: Lemma-Ebene) und die positionale (bei Levelt: Wortformebene). Levelt geht damit – Fromkin und Garrett folgend – davon aus, dass der lexikalische Zugriff in zwei Stufen verläuft. Im neueren Modell von Levelt (1998) bzw. von Levelt und Kollegen (1999) gibt es noch feinere Ebenen; die Wortformebene ist beispielsweise in die morphologische und phonologische Ebene aufgespalten worden. Außerdem wird ein mentales Silbenlexikon (*syllabary*) angenommen.

Das diskret-serielle modulare Modell von Levelt (1998) zeigt verschiedene Planungsebenen auf, die strikt nacheinander und strikt *top-down*, d. h. ohne Feedback, durchlaufen werden. Deshalb wird es auch als diskret bezeichnet, im Vergleich zur interaktiven Arbeitsweise (vgl. Abschnitt 3.2). Jede Ebene besitzt ein eigenes Verarbeitungsvokabular, anhand dessen nur bestimmte Informationen verarbeitet werden. Während der Erzeugung einer Äußerung erfolgt der Zugriff auf das mentale Lexikon nach diesem Modell in zwei Stufen: Zuerst werden Lexikoneinträge aktiviert, die syntaktisch spezifiziert sind, die Lemmata. Erst auf einer zweiten Stufe werden die phonologischen Wortformen, die Lexeme, abgerufen. Zur ersten Stufe gehören die grammatische Kategorie sowie Genus und Numerus bei Nomen oder der Subkategorisierungsrahmen bei Verben (transitiv/intransitiv, etc.). Auf der zweiten Stufe sind dann Informationen wie der lautliche Gehalt, Silbenstruktur, Betonung etc. zugänglich (vgl. Abschnitt 1.2).

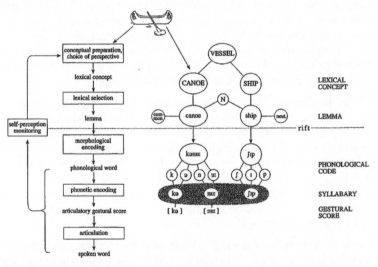

Abb. 5: Das Sprachproduktionsmodell nach Levelt (1998: 171). Zwischen den Konzepten und Lemmata wird Aktivierung ausgetauscht. Erst nach der Selektion des Lemmas kann die Aktivierung über die Schwelle (*rift*) fließen, aber nicht mehr zurück. Im neueren Modell von Levelt wird im Vergleich zum alten Modell (Levelt 1989) ein Silbenspeicher (*syllabary*) angenommen.

Im Einzelnen werden folgende Stufen durchlaufen, die zum Teil bereits in Kapitel 2 vorgestellt wurden und hier an einem Beispiel vertieft werden sollen (siehe Abb. 5, vgl. Hohenberger 2007: 84ff.):

Stufe 1: Begriffliche Vorbereitung und Auswahl lexikalischer Konzepte: Anhand der präverbalen Botschaft (*message*) werden lexikalische Konzepte ausgewählt, die Einträgen im mentalen Lexikon entsprechen. Je nach Kontext und Perspektive des Sprechers (sowie Register, etc.) kann z. B. das Konzept KANU, SCHIFF, BOOT oder WASSERFAHRZEUG selektiert werden.

Stufe 2: Lemma-Selektion: Zu den lexikalischen Konzepten werden die Lemmata mit ihren syntaktischen Informationen ausgewählt. Das mentale Lexikon kann zeitgleich nach verschiedenen Einträgen durchforstet werden. Nach der Unifikation (Verbindung der einzelnen Lemmata zur kompletten Argumentstruktur) ist die Argumentstruktur gesättigt. Manche grammatischen Informationen werden direkt am Nomen markiert, wie z. B. Person, Numerus und Genus.

Stufe 3: Morphologische Enkodierung: Das poly-morphemische Wort *Kanu-s* hat beispielsweise wie die Singularform *Kanu* nur ein Lemma, aber mit dem diakritischen Merkmal *Plural*. Auch das Kompositum *Kanufahrer* hat ein eigenes Lemma, also einen eigenständigen Eintrag im mentalen Lexikon. Alle Morpheme müssen hierbei in der richtigen Reihenfolge aktiviert werden, also *Kanu-fahr-er*. Je nach Wortart und Wortbildungsprozess gehören die Morpheme alle entweder zu einem Lemma oder zu verschiedenen.

Stufe 4: Phonologische Enkodierung: Bei der phonologischen Enkodierung geht man, ähnlich dem *slot-and-filler*-Modell auf der Lemma-Ebene, von einem metrischen Rahmen aus, dessen einzelne Positionen von Lauten gefüllt werden. Phonologische Wörter und Silben sind Struktureinheiten und beschränken die Planungsprozesse von Segmenten. Die wichtigste Strukturbeschränkung bei der phonologischen Enkodierung ist in Sprachen mit einer hierarchischen Silbenstruktur wie Deutsch oder Englisch die Silbenpositionsbeschränkung (vgl. Abschnitt 4.2).

Stufe 5: Metrische Planung: Die metrische Struktur eines Wortes gibt Auskunft über die Silbenanzahl, Betonung und Reihenfolge der Segmente. Im Deutschen und Englischen herrscht die sog. *Default*-Betonungsregel, die besagt, dass die erste Silbe mit Vollvokal betont wird. Im Englischen trifft dies auf ca. 90 % der regelmäßigen Wörter zu, so dass diese Information nur im Lexikoneintrag von unregelmäßigen Wörtern gespeichert werden muss.

Stufe 6: Phonetische Planung und Artikulation: Der phonologische Plan muss nun noch dem Kontext der Äußerung angepasst werden und damit Phänomene wie Koartikulation und Assimilation beachten. Im Deutschen bestehen die meisten Wörter aus einer relativ kleinen Anzahl von Silben, so dass es ökonomischer ist, ganze Silben abzurufen. Für das Beispielwort *Kanu* würde man zweimal in das Silbenlexikon ‚greifen' und [ka] und [nu] hervorholen.

De Ruiter (2000) integrierte die Erzeugung manueller Gesten in das Modell von Levelt. In dem erweiterten Modell werden bereits im Konzeptualisator, parallel zur Artikulation der Lautäußerung, Motorprogramme für entsprechende Gesten aktiviert.

3.2 Interaktive Modelle

Dem diskret-seriellen Modell von Levelt und Kollegen stehen interaktive bzw. *spreading-activation*-Modelle gegenüber, die davon ausgehen, dass alle Ebenen miteinander agieren. Dies sind konnektionistische Modelle, die eine netzwerkartige Struktur aufweisen, die von Knoten für die Einheiten auf den jeweiligen Verarbeitungsstufen geprägt ist. Die Grundannahmen des Konnektionismus orientieren sich an der Struktur des zentralen Nervensystems. Das biologische Vorbild der Knoten ist das Neuron. Jeder Knoten des Modells besitzt einen Aktivierungswert, einen Schwellenwert für den Aktivierungsfluss, einen Schwellenwert für die Selektion sowie einen Ruhewert. Es existieren viele konnektionistische Modelle, die sich u. a. darin unterscheiden, ob die Verarbeitung lokal-konnektionistisch oder distribuiert-konnektionistisch verläuft. In lokal-konnektionistischen Modellen (wie bei Dell und bei Schade) steht jeder Knoten für genau eine Einheit. In distribuiert-konnektionistischen Modellen hingegen werden alle Einheiten von mehreren Knoten repräsentiert und jeder Knoten arbeitet an der Repräsentation von mehreren Einheiten.

Das im Folgenden beschriebene Modell von Dell (1988) bzw. von Dell und O'Seaghdha (1992) ist **lokal-konnektionistisch**, das bedeutet, dass Knoten auf einer Ebene mit Knoten auf einer anderen Ebene verknüpft sind, so wie im Levelt'schen Kanu-Modell (siehe Abb. 5). Im Modell von Dell haben alle Knoten auf einer Ebene hemmende Verbindungen (**Inhibition**), da sie in Konkurrenz zueinanderstehen; alle Knoten zwischen zwei Ebenen haben anregende Verbindungen (**Exzitation**), da die Aktivierung in beide Richtungen weitergegeben wird (*feedforward* und *feedback*). Wie Levelt hat auch Dell die zentrale Unterscheidung einer funktionalen (bei Dell: syntaktische Ebene) und einer positionalen Ebene (bei Dell: morpho-phonologische Ebene), die bereits Garrett gemacht hat, vorgenommen. Die Prozesse in Dells Netzwerkmodell laufen von der semantischen zur morpho-phonologischen Ebene in zwei Schritten ab: Die Aktivierung der semantischen Knoten wird zu den entsprechenden Wort- oder Lemmaknoten weitergeleitet, die wiederum ihrerseits Phonemknoten aktivieren. Alle Verknüpfungen zwischen den Knoten sind sowohl *top-down* als auch *bottom-up*. Der bidirektionale Informationsfluss lässt eine Netzwerknutzung sowohl für die Sprachproduktion als auch für die Sprachperzeption zu. Levelt und Kollegen (1999) gehen stattdessen davon aus, dass nur Teile überlappen. Durch Beobachtungen an aphasischen Patienten, die eine gestörte phonologische Verarbeitung in der Sprachproduktion bei intaktem auditiven Sprachverstehen zeigten, gehen auch Vertreter interaktiver Modelle (z. B. Dell et al. 1997) davon aus, dass die Netzwerke der Sprachproduktion und -perzeption nicht vollständig überlappen.

Im Gegensatz zum Levelt-Modell sieht das interaktive Modell von Dell und O'Seagdha (1992) semantische Merkmale vor, denen ein Konzept entspricht. Durch die exzitatorischen Verbindungen breitet sich die Aktivierung unweigerlich im gesamten Netzwerk aus, dies nennt man **Kaskadieren.** Der ‚richtige' Knoten wird dadurch aktiviert, dass er die meiste Aktivierung erhält. Im Gegensatz zur strikt voneinander getrennten Feed-forward-Verarbeitung im Levelt-Modell erlaubt das interaktive Spreading-activation-Modell zudem einen Informationsrückfluss von der Lexem- auf die Lemma-Ebene. Damit kann die phonologische Form eines Wortes rückwirkend Einfluss auf die Auswahl auf der Lemma-Ebene haben (siehe Abb. 6).

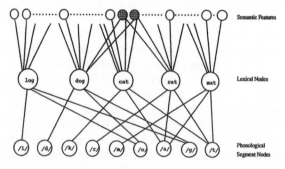

Abb. 6: Die lexikalische Netzwerkstruktur im Spreading-Activation-Modell. Die hervorgehobenen semantischen Merkmale aktivieren die drei lexikalischen Knoten *dog, cat* und *rat* (aus Dell/O'Seaghdha 1992: 294).

Alle semantischen Knoten, die mit dem Zielwort *cat* in Verbindung stehen, sind durch charakteristische Merkmale (wie +belebt, +Säugetier) stark aktiviert (in dunkel dargestellt). Der Wortknoten *cat* aktiviert alle zu diesem Wort gehörenden phonetischen Knoten. Das Wort *rat* teilt beispielsweise einige semantische Merkmale mit *cat* und erhält darüber hinaus noch Feedback von den phonologischen Knoten /æ/ und /t/, daher wird *rat* (semantisch und phonologisch ähnlich) häufiger anstelle von *cat* produziert als *dog* (nur semantisch ähnlich) oder *mat* (nur phonologisch ähnlich).

Alle interaktiven Modelle beruhen auf einem Designprinzip, nach dem Versprecher auf dieselbe Art zustande kommen wie ‚korrekte' Produktionen und auch denselben Regeln unterliegen (Eikmeyer 2003: 65f.). Für den interaktiven Mechanismus gibt es zwei Evidenzen: die Tendenz von Lautfehlern, in existierenden Wörtern zu resultieren (***lexical bias***) sowie die sog. gemischten Fehler (***mixed errors***), die sowohl eine semantische als auch eine phonologische Ähnlichkeit zum Zielwort haben (siehe hierzu Abschnitt 4.2). Vertreter nichtdiskreter Modelle (wie das interaktive Modell oder das Kaskadenmodell) interpretieren beide Phänomene als Beleg für Rückkopplungen von der Lemma- zur Lexem-Ebene. Vertreter diskret-serieller Modelle (wie Levelt) hingegen sehen den lexikalischen Bias-Effekt und die gemischten Fehler als Beleg für einen post-lexikalischen Monitor, der die geplante Äußerung noch vor dem Artikulieren auf Wohlgeformtheit überprüft (siehe Abschnitt 2.4). Der Monitor-Mechanismus sollte ein echtes Wort, das als vorhandener Lexikoneintrag auch schon eine ‚Extraportion' Aktivierung erhalten hat, eher passieren lassen als ein Wort, das keinen lexikalischen Eintrag hat und wahrscheinlich ein Fehler ist. Bereits Meringer und Mayer (1895: vii) konzipierten einen aufmerksamkeitsgesteuerten Output-Monitor: „Man muß sich hüten, den Sprechfehler als etwas Pathologisches aufzufassen. Beim Sprechfehler versagt nur die Aufmerksamkeit, die Maschine läuft ohne Wächter, sich selbst überlassen".

Ob es im Modell Feedback gibt oder nicht, ist nach Hohenberger (2007: 92) in erster Linie keine modelltheoretische Angelegenheit, sondern eine zeitliche – nämlich ob während der sprachlichen Planung genug Zeit dafür zur Verfügung steht.

Die Netzwerkstruktur des Konnektionismus ist auch mit seriellmodularen Modellen vereinbar. So hat Roelofs (1997) das seriellmodulare Levelt-Modell in ein konnektionistisches Netzwerkmodell implementiert (WEAVER++). Die Enkodierung der Wortform wird als WEAVER bezeichnet, das Akronym steht für *W*ord-form *En*coding by *A*ctivation and *VER*ification. Das gesamte Modell mit Zugriff auf das Lemma heißt WEAVER++. Wie das ‚klassische' spreading-activation Modell nimmt WEAVER++ an, dass das mentale Lexikon als Netzwerk aus Knoten und ihren inhibitorischen und exzitatorischen Verbindungen aufgebaut ist und der Zugriff darauf durch Aktivierungsausbreitung erfolgt. Eine Eigenschaft dieses Berechnungsmodells ist das Silbenlexikon (siehe Abschnitt 2.2).

Im Vergleich zum Modell von Dell und Kollegen, die nur exzitatorische Komponenten für die Aktivierungsausbreitung einbeziehen und von einer Zerfallsrate ausgehen, die die Gesamtaktivierung im Netzwerk reguliert, haben Schade, Berg und Eikmeyer (z. B. Schade 1999; Schade/Eikmeyer 2011) sowohl Exzitation (Erregung) als auch Inhibition (Hemmung) vorgesehen. Damit kann die Gesamtaktivierung durch die sog. **laterale Inhibition** begrenzt werden. Dies stellt sicher, dass nicht alle Knoten maximal aktiviert werden können, so dass in einer Gruppe von Knoten (semantische Kohorte) nur ein einzelner Knoten eine hohe Aktivierung erhält und die Konkurrenten deaktiviert werden.

3.3 Kaskadenmodelle

Kaskadenmodelle können als Hybridmodelle betrachtet werden: Sie stimmen einerseits mit diskret-seriellen Modellen darin überein, dass Feedback von der Lexem- zur Lemma-Ebene abgelehnt wird; andererseits stimmen sie auch mit interaktiven Modellen darin überein, dass eine sofortige Aktivierung der lexikalischen Form angenommen wird, noch bevor ein Lemma selektiert wurde. Die stetige Aktivierungsausbreitung, das Kaskadieren, geht auf McClelland (1979) zurück. Die Aktivierung fließt aber nur vorwärts (*feedforward*) und nicht rückwärts (*feedback*). Humphreys und Kollegen (Humphreys et al. 1997; Riddoch/Humphreys 1987) haben zuerst das Kaskadenmodell vorgestellt, während die Studien von Peterson und Savoy (1998) das Modell untermauert haben. Auch Peterson und Savoy arbeiteten an einem Kaskadenmodell. Zunächst werden chronometrische Studien vorgestellt, die zu diesen Modellvorstellungen geführt haben.

Anhand des BWI-Paradigmas, einer Bildbenennaufgabe, welche die Wahrnehmung und Produktion kombiniert, lässt sich der Zeitverlauf des lexikalischen Zugriffs untersuchen (siehe Abschnitt 1.3). Nach dem diskret-seriellen Zwei-Stufen-Modell wird zunächst auf das Lemma und erst im nachfolgenden Schritt auf das Lexem zugegriffen. Diese beiden Stufen sind zeitlich geordnet, aber es wird kontrovers diskutiert, ob sie sich überlappen.

Levelt und Kollegen (1991) konnten in ihrem Experiment mit einer lexikalischen Entscheidungsaufgabe kein vermittelndes Priming (*mediated priming*) nachweisen: Das Wort *Kirche* hat zwar das semantisch ähnliche Wort *Haus* geprimt, aber nicht das dazu phonologisch ähnliche Wort *Haut*.

Jescheniak und Schriefers (1998) sowie Peterson und Savoy (1998) haben wie Levelt und Kollegen (1991) das **dual-task**-Paradigma angewendet, aber zwei Veränderungen vorgenommen: Zum einen wurde die Reaktionszeit beim *Benennen* des Stimulus gemessen und nicht die Reaktionszeit bei einer Lexikalitätsentscheidung zu einem visuell (bei Peterson und Savoy) oder auditiv (bei Jescheniak und Schriefers) präsentierten Distraktor. Zum anderen haben sie keine Kohyponyme (*category associates*, wie *goat* und *sheep*) als Stimuli verwendet, sondern **Quasi-Synonyme** (*near-synonyms*), wie *rabbit – bunny* sowie *couch – sofa*. Im Gegensatz zu Kohyponymen sind Quasi-Synonyme noch stärker miteinander verwandt und dadurch werden sie auch stärker mitaktiviert. Jescheniak und Schriefers sowie Peterson und Savoy verwendeten Distraktoren, die entweder dem Zielwort oder dem Quasi-Synonym semantisch oder phonlogisch ähnlich sind. Ein bedeutungs-verwandter Ablenker würde die Benennung des Bildes zu einem bestimmten Zeitpunkt stören (*semantic interference*), während ein morphologisch oder phonologisch ähnlicher Ablenker die Benennung zu einem anderen Zeitpunkt erleichtert (*morphological and phonological facilitation*). An dem Effekt der Benennlatenz – hemmend oder erleichternd – in Relation zur Kontrollbedingung lässt sich erkennen, wann die entsprechende Information verarbeitet wird.

Nach dem diskret-seriellen Modell von Levelt würde man erwarten, dass nur das Lexem des dominanten Namens *couch* aktiviert wird, da nur dieses Lemma selektiert wurde. Im Kaskadenmodell hingegen wären zu Beginn gleichzeitig beide Lexeme – das dominante Lexem und das vom sekundären Quasi-Synonym (*couch* und *sofa*) – aktiviert. Nach einer Weile würde das dominante Lemma selektiert werden, woraufhin die Aktivierung des sekundären Lemmas und seines Lexems dann schnell wieder abfiele (siehe Abb. 7).

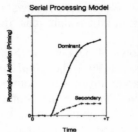
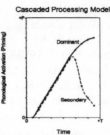

Abb. 7: Die Vorhersagen zur phonologischen Aktivierung des dominanten und des sekundären Namens bei Quasi-Synonymen im diskrekt-seriellen Modell (links) und im Kaskadenmodell (rechts). +T = mehr Zeit, +P = mehr Priming (aus Peterson/Savoy 1998: 541).

Im Gegensatz zu Levelt und Kollegen (1991) konnten Peterson und Savoy (1998) in der Tat ein vermittelndes Priming feststellen: Wenn das visuell präsentierte Wort *soda* (phonologisch ähnlich zu *sofa*) benannt werden sollte, hat das Bild eines Sofas bzw. einer Couch zu einem Priming-Effekt geführt, der genauso stark war wie für das Zielwort *count* (phonologisch ähnlich zum dominanten *couch*). Das Zeitfenster für diesen Effekt (SOAs von 150-300 ms bzw. 200-400 ms) entspricht dem für phonologisches Priming (siehe Abb. 8). Die Ergebnisse dieser Studie weisen auf eine gleichzeitige Aktivierung der Lemmata *couch* und *sofa* sowie derer Lexeme im selben Zeitfenster hin.

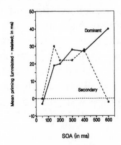

Abb. 8: Die empirischen Aktivationskurven des dominanten sowie sekundären Lexems entsprechen den Vorhersagen des Kaskadenmodells (aus Peterson/Savoy 1998: 548).

Auch im Experiment von Jescheniak und Schriefers (1998) konnte eine phonologische Koaktivierung von Quasi-Synonymen nachgewiesen werden: das Ablenkerwort, das dem semantischen Konkurrenten phonologisch ähnlich ist (z. B. *sheet* für das Zielwort

42

goat), wurde mitaktiviert. Untersuchungen von Cutting und Ferreira (1999) zeigten, dass die phonologische Koaktivierung sich nicht nur auf Quasi-Synonyme beschränken muss. Beispielhafte Distraktoren eines BWI-Paradigmas mit dem Zielwort *goat* aus der Studie von Jescheniak und Schriefers (1998):

Ablenker

(i)	semantisch:	*sheep*
(ii)	morphologisch:	*goats*
(iii)	phonologisch:	*goal*
(iv)	semantisch & phonologisch:	*toad*
(v)	kein Bezug:	*car*
(vi)	dem *Quasi-Synonym* phonologisch ähnlich:	*sheet*

Levelt und Kollegen (1999) haben nach diesen Studien angenommen, dass es bei einem Wettbewerb, wie es für die Auswahl zwischen Quasi-Synonymen der Fall ist, auch in ihrem Modell eine *multiple* Lemma-Selektion gibt, d. h. dass beide Lemmata selektiert und anschließend auch beide Wortformen aktiviert werden. Dadurch können sie die mit ihrem Modell nicht vereinbare kaskadierende Verarbeitung vermeiden. Diese Annahme erklärt dann aber nicht, warum die Aktivierungskurve für das sekundäre Lexem plötzlich wieder stark abfällt (siehe Abb. 8).

Pechmann und Zerbst (2004) konnten zeigen, dass die erste verfügbare Information beim lexikalischen Zugriff diejenige über die Wortart des Zielwortes ist, insbesondere ob es sich um ein Inhalts- oder Funktionswort handelt. Diese Information ist bei einer SOA von -300 ms verfügbar (Pechmann/Zerbst 2004: 296). Pechmann und Zerbst haben darüber hinaus ein Zeitfenster (-150 bis 0 ms) entdeckt, in dem *gleichzeitig* syntaktische, semantische und phonologische Informationen verarbeitet werden (siehe Abb. 9). Diese überlappende Verarbeitung ist keinesfalls mit dem diskret-seriellen Modell vereinbar:

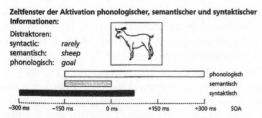

Abb. 9: Zeitfenster der Effekte für verschiedene Ablenker in chronometrischen Experimenten. In einem Zeitfenster werden zeitgleich syntaktische, semantische und phonologische Informationen verarbeitet (aus Hohenberger 2007: 95).

43

3.4 Modelle ohne Lemma-Ebene

Als vierte Modellklasse existieren Modelle ohne Lemma-Ebene, wie das Independent-Network-Modell und das Logogenmodell, die in diesem Unterkapitel kurz vorgestellt werden sollen.

Das **Independent-Network-Modell** (IN-Modell) von Caramazza (1997) bietet eine Alternative zu den bislang angeführten Modellen, die eine Lemma-Ebene annehmen. Alle Modelle, die von einer horizontalen Gliederung (Konzept – Lemma – Lexem) ausgehen, werden von Caramazza als *Syntactic-Mediation*-Modelle (SM-Modelle) bezeichnet. Caramazza plädiert hingegen für eine Autonomie der syntaktischen Information von der semantischen und phonologischen Repräsentation. In seinem Modell kann vom semantischen System parallel auf das syntaktische Netzwerk und auf die Wortformen zugegriffen werden. Dabei wird zudem von einer selbständigen orthographischen Repräsentation (**O-Lexem**) ausgegangen, die unabhängig von der phonologischen Repräsentation (**P-Lexem**) ist. Caramazza untermauert seine Modellvorstellung mit Daten von Aphasikern, die syntaktische Fehler machten, aber Zugriff auf phonologische Informationen hatten. Seiner Meinung nach ist dies nicht mit einem Zwei-Stufen-Modell vereinbar. Im Modell von Levelt und Kollegen ist jedoch die syntaktische Information mit dem Lemma-Knoten verknüpft (so ‚hängt' die Information *N* am Kanu-Lemma, siehe Abb. 5), so dass auf die Wortform zugegriffen werden kann, auch wenn diese Verbindung gestört sein sollte. Auch wenn Caramazza betont, dass eine Lemma-Ebene zwischen der Konzept- und der Lexem-Ebene nicht notwendig sei, ist der Unterschied zwischen seinem lexikalisch-syntaktischen Netzwerk und einem Lemma nicht klar. Es könnte sich um dieselben Inhalte mit unterschiedlichen Bezeichnungen halten.

Ein weiteres Modell ohne Lemma-Ebene ist das **Logogenmodell**, das sowohl die Sprachproduktion als auch die Sprachperzeption abbildet. Im Vergleich zu den anderen hier vorgestellten Modelltypen schließt dieses Modell neben dem Sprechen auch die Bereiche Hören, Lesen und Schreiben mit ein. Die Wörter sind dabei als sog. **Logogene** in den verschiedenen Lexika gespeichert; damit wird die Repräsentation eines Wortes (oder eines Morphems) im Lexikon bezeichnet. Das Logogenmodell weist wie das IN-Modell von Caramazza keine Lemma-Ebene auf, sondern ein semantisches (kein syntaktisches!) System, das in Verbindung zu phonologischen und graphematischen Wortformen (bei Caramazza: P- und O-Lexeme) steht. Im Logogenmodell gibt es vier Lexika (phonologisches Input-Lexikon, phonologisches Output-Lexikon, graphematisches Input-Lexikon und graphematisches Output-Lexikon), die ausschließlich Wortformen sowie wortformspezifische Informationen, wie Wortart, Wortlänge und Schreibweise beinhalten. Die beiden Input-Lexika können auf das sog. semantische System zugreifen, in dem die Wortbedeutungen gespeichert sind. Zu Beginn erklärte das Logogenmodell nur die Verarbeitungsprozesse von sprachgesunden Probanden beim Lesen und Nachsprechen von Wörtern (Morton 1969, 1980). Basierend auf Beschreibungen von dyslektischen Patienten sowie zahlreichen neurolinguistischen Analysen wurde das Modell stets weiterentwickelt. Dabei wurde u. a. die Worterkennung auf zwei Kanäle (auditive und visuelle Worterkennung) erweitert und ein Output-System ergänzt.

Die beschriebenen Prozesse der mündlichen Sprachproduktion können nicht automatisch auf die schriftliche Sprachproduktion übertragen werden. In Modellen zur schriftlichen Sprachproduktion wird meist angenommen, dass es zwei Wege zur Erzeugung der Buchstabenfolge eines Wortes gibt: Vertraute, hochfrequente Wörter können direkt aus dem graphematischen Output-Lexikon zur Verfügung gestellt werden, während schwierige oder unbekannte Wörter auf der Grundlage der phonologischen Wortform durch einen Phonem-Graphem-Konversionsmechanismus abgeleitet werden müssen (Weingarten 2001: 175).

3.5 Zusammenfassung

Sprachproduktionsmodelle bilden die Prozesse ab, die von der Intention zur Artikulation entstehen. Im Mittelpunkt der Forschung steht dabei der lexikalische Zugriff auf das mentale Lexikon beim Sprechen. Die verschiedenen Sprachproduktionsmodelle vertreten unterschiedliche Ansichten, in welcher Beziehung die beiden Ebenen Lemma und Lexem zueinanderstehen. Dabei werden die zeitliche Koordination und die eventuelle Interaktion kontrovers diskutiert. Im Allgemeinen werden vier Ansätze unterschieden:

In **diskret-seriellen Modellen** gibt es einen strikt seriellen Verlauf, d. h. alle Verarbeitungsstufen erfolgen zeitlich nacheinander (*Prinzip der Serialität*). Ein Ergebnis wird erst dann an die nächste Stufe weitergegeben, wenn es (nahezu) komplett verarbeitet wurde (*Prinzip der Diskretheit*). Die diskret-seriellen Modelle werden häufig auch als autonome oder modulare Modelle bezeichnet, weil die einzelnen Ebenen wie Module voneinander abgekapselt und unabhängig voneinander arbeiten. Diese Modelle sind allerdings auch mit der Inkrementalität vereinbar.

In **interaktiven Modellen** gibt es einen bidirektionalen Informationsfluss. Das bedeutet, dass die Aktivierung sowohl nach unten (*feedforward*) als auch nach oben zurückfließt (*feedback*). Alle Ebenen im Netzwerk interagieren miteinander, so dass die im Sprachproduktionsprozess später erfolgenden Einheiten auf die früheren zurückwirken können. Das Lexem kann dadurch via Rückkopplungsschleifen Einfluss auf das Lemma nehmen.

Kaskadenmodelle bauen auf den ersten beiden Modelltypen auf: Zum einen gibt es wie in diskret-seriellen Modellen einen unidirektionalen Informationsfluss ohne Feedback, zum anderen werden auch dann Teilergebnisse an die nächste Ebene weitergegeben, wenn deren Verarbeitung noch nicht vollständig abgeschlossen ist. Diese Modelle sind demnach *vorwärts-kaskadierend*.

Modelle ohne Lemma-Ebene weisen auch ein Konzept bzw. ein semantisches System sowie ein Wortformenlexikon auf, aber keine Lemma-Ebene. In diesen Modellen wird neben der phonologischen Information auch die orthographische Information beim Wortabruf miteinbezogen.

Aufgabe 1: Fassen Sie die Unterschiede der verschiedenen Modelle in eigenen Worten zusammen.

Grundbegriffe: diskret-seriell, modular, interaktiv, kaskadieren, feedforward, feedback

Weiterführende Literatur: Sauer (2015: 15-76) bietet eine ausführliche Übersicht und Diskussion der verschiedenen Sprachproduktiosmodelle, siehe auch Dietrich/Gerwien (2017); zu den Bedingungen und Prozessen der schriftlichen Sprachproduktion siehe Grabowski (2003).

4. Sprachliche Fehlleistungen: Versprecher

In den 1960er Jahren begann die Sprachproduktionsforschung mit der Analyse von Spontansprache, insbesondere von Versprechern. Versprecher sind selektive Ausfälle in der Sprachproduktion, d. h. alltägliche sprachliche Fehlleistungen gesunder Sprecher und damit

„nicht-geplante beziehungsweise nicht-gewollte Abweichungen von einer Sprechabsicht" (Berg 2003: 251).

Versprecher sind interessant für die Forschung, weil davon auszugehen ist, dass Regeln die Verarbeitungsmechanismen steuern und dass auch die Produktion von Versprechern diesen Regeln unterliegt, so dass deren Analyse Rückschlüsse auf den Sprachproduktionsprozess erlaubt. Versprecher öffnen ein „Fenster zur Sprachstruktur" (Leuninger 1993). Anhand von Versprechern lassen sich insbesondere Aussagen über die Umformungsprozesse während des Sprachproduktionsprozesses treffen: „Versprecher weisen nicht auf Defizite unseres Intellekts hin, sondern auf vorübergehende Beeinträchtigungen unseres inneren ‚Sprachplanungsapparats'" (Leuninger 1996: 82). Man geht davon aus, dass ein Sprecher bis zu einem gewissen Punkt richtig plant, diesen Plan allerdings nicht vollständig richtig umsetzen kann, obwohl er normalerweise dazu imstande ist.

4.1 Charakteristika der Versprecher-Studien

Bereits 1895 veröffentlichte der Wiener Philologe Rudolf Meringer die erste deutschsprachige Versprechersammlung mit ca. 4.000 Einträgen – eine Pionierarbeit, die auch heute noch gerne zitiert wird. Eine gängige Methode zur Erstellung eines solchen Korpus ist die *paper and pencil-Methode*, bei der mit Papier und Stift alle Versprecher notiert werden, wenn sie auftreten. Die Versprecher können auch in einem Tagebuch festgehalten werden. Wichtig ist dabei, dass nicht nur der Versprecher an sich, sondern der komplette Satz festgehalten wird, damit der Kontext ersichtlich bleibt. Außerdem sollte notiert werden, ob bzw. wann und wie der Versprecher korrigiert wurde. Versprecherkorpora können aber auch unter den Bedingungen eines Experiments gewonnen werden. Um besonders viele Versprecher in einem Experiment zu evozieren, kann eine Versuchsperson dabei unter Druck gesetzt werden, beispielsweise kann als Untersuchungsziel angegeben werden, dass die Auswahl des Studienfachs untersucht wird. Dies kann in einem Interview geschehen, bei dem der Experimentator einen Fragekatalog abarbeitet. Dadurch, dass es ständig zu Störungen im Raum kommt und der Proband gebeten wird, sich aufgrund eines nachfolgenden wichtigen Termins zu beeilen, kommt es durch den künstlich erzeugten Stress häufiger zu Versprechern.

Gesammelte spontansprachliche Versprecher für das Deutsche finden sich in dem von Thomas Berg erstellten Korpus mit etwa

8.000 Einträgen, welches die Grundlage für Berg (1988) bildet. Auch Helen Leuninger hat über viele Jahre mehr als 7.000 Einträge im Frankfurter Versprecherkorpus gesammelt (siehe Leuninger 1993, 1996, online). Zudem hat Richard Wiese in Marburg in seiner Versprechersammlung über 1.000 Versprecher (Wiese online).

4.2 Entstehung und Häufigkeit von Versprechern

Etwa alle 1.000 Wörter passiert ein Versprecher. Die Wahrscheinlichkeit eines Versprechers steigt, wenn der Sprecher müde, unkonzentriert, alkoholisiert oder überarbeitet ist. Konkurrierende Pläne bei der Selektion oder bei der Serialisierung von sprachlichen Einheiten können dazu führen, dass der ‚falsche Kandidat‘, also ein anderer Laut, ein anderes Morphem oder Wort oder eine andere Phrase zur Produktion kommt.

Eine prominente Rolle bei der Versprecheranalyse nehmen die sog. Vertauschungsfehler ein. Garrett (1980) hat demonstriert, dass sich drei Arten von Vertauschungen unterschiedlich verhalten (Bsp. aus Wiegand 1996: 29):

- Laut-Vertauschung: das sind wirklich [die feltenen Sälle]$_{DP}$
- Morphem-Vertauschung: mal gucken, was da [im Koch topft]$_{VP}$
- Wort-Vertauschung: Ich habe [an diesem Termin]$_{PP}$ [einen Geburtstag]$_{DP}$

Die Wort-Vertauschungen (so auch die Vor- und Nachklänge, siehe Abschnitt 4.3) folgen dem *grammatical category constraint*: Es werden zu ca. 81-85 % nur Wörter derselben Wortart miteinander vertauscht (Wiegand 1996: 29). Phrasengrenzen hingegen werden nicht eingehalten. Morphem- und Lautvertauschungen verhalten sich konträr, denn sie sind indifferent gegenüber der grammatischen Kategorie (nach Garrett 1980 gehören sie in 61 % der Fälle unterschiedlichen Kategorien an), kommen allerdings zu 70-87 % in derselben Phrase vor (Wiegand 1996: 29). Garrett folgerte, dass Laut- und Wortvertauschungen daher auf zwei verschiedenen Prozessebenen auftreten – auf der funktionalen bzw. auf der positionalen Ebene. Auf der funktionalen Ebene (entspricht der Ebene der grammatischen Enkodierung) spielt die syntaktische Kategorie eine Rolle, während auf der positionalen Ebene (entspricht der Ebene der phonologischen Enkodierung) die lexikalischen Items (*filler*) in die strukturellen Positionen (*slots*) eingesetzt werden, also der phonologische Gehalt sowie die genaue Position zugänglich gemacht werden. Im *Slots-and-*

Filler-Modell von Shattuck-Hufnagel (1979) werden die Silben-struktur und die segmentale Kette, die mit einem Lemma verknüpft sind, separat verarbeitet. Es wird eine Folge von ‚leeren' Silbenpositionen erzeugt, in die später die einzelnen Phoneme und Segmente eingesetzt werden.

Bei phonologischen Versprechern interagieren beispielsweise fast immer nur gleiche Silbenpositionen miteinander: Onset mit Onset (1a), Nukleus mit Nukleus (1b) sowie Coda mit Coda (1c). Onset-Fehler sind am häufigsten, vor allem am Wortanfang (Poulisse 1999: 14). Die folgenden Beispiele sind aus Leuninger (1993 1996; die Punkte bezeichnen Silbengrenzen):

(1) a. **Brans.frant**.wein ← Frantzbranntwein
    b. spek.**tu.ka**.lär ← spektakulär
    c. Au.ßer.sei.te**n**.tum ← Außenseitertum

Die Serialisierung von Segmenten ist fehleranfällig, da es sich um sehr kleine Sprachplanungseinheiten handelt, die schnell hintereinander produziert werden müssen. Oftmals sind initiale Laute von Wörtern und Silben von Fehlern betroffen, der sog. **Initialeffekt** (MacKay 1970). Merkmalsfehler sind im Vergleich zu Segmentfehlern selten, da sie nach Berg (2003) die „Endstation" in der Aktivierungshierarchie sind, z. B. wurde in *glear plue sky* ← *clear blue sky* nur das Merkmal [± stimmhaft] vertauscht. Nach Poulisse (1999) interagieren bei Versprechern vor allem solche Segmente miteinander, die sich in nur wenigen phonologischen Merkmalen unterscheiden – häufig in nur einem Merkmal.

Während Wort- bzw. Lautvertauschungsfehler Evidenz für die Unterscheidung von grammatischen und phonologischen Enkodierungsprozessen liefern, bieten Wortersetzungsfehler Evidenz für die Unterscheidung von Lemma und Lexem. Die Beispiele sind von Fromkin (1973) und Garrett (1990), zit. nach Hantsch (2002: 17f):

(2) a. don't burn your toes [Zehen] ← don't burn your fingers [Finger]
    b. mushroom [Pilz] ← mustache [Schnurrbart]
    c. lobster [Hummer] ← oyster [Auster]

In Beispiel (2a) sind das beabsichtigte Wort und das produzierte Wort semantisch ähnlich, in Beispiel (2b) phonologisch ähnlich und in Beispiel (2c) semantisch *und* phonologisch ähnlich. Das Auftreten von rein semantischen bzw. rein phonologischen Fehlern wurde als Evidenz für den zweistufigen lexikalischen Zugriff gewertet, bei dem entweder der Zugriff auf das Lemma oder auf das Lexem fehlerhaft ist. Die Auftretenshäufigkeit gemischter Fehler (***mixed errors***) in Beispiel (2c) kann als Ausgangspunkt für die Diskussion um diskrete bzw. nicht-diskrete Modelle angesehen werden. Wie u. a. von Dell und Reich (1981) festgestellt wurde, führen kontextuelle phonologische Versprecher überzufällig häufig zu einem existierenden Wort, d. h. die Wahrscheinlichkeit eines Versprechers steigt, wenn der Fehler selbst wieder ein reguläres Wort ergibt. Man spricht vom sog. *lexical bias*-Effekt (Baars et al. 1975). Die Existenz des lexikalischen Bias-Effektes als auch die Auftretenshäufigkeit gemischter Fehler sprechen dafür, dass während der Sprachproduktion semantische und phonologische Prozesse nicht völlig unabhängig voneinander sind. Daher forderten Dell und Reich (1981) ein interaktives Modell des lexikalischen Zugriffs, das den lexikalischen Bias-Effekt und die Häufigkeit gemischter Fehler durch einen bidirektionalen Aktivationsfluss zwischen Lemma und Lexem erklärt. Allerdings sind diese beiden Effekte auch mit den Annahmen diskret-serieller Modelle vereinbar, die einen post-lexikalischen Überwachungsmechanismus (*monitor*) annehmen, der die geplante Äußerung vor der eigentlichen Artikulation überprüft (siehe hierzu auch Abschnitt 3.2).

Das signifikant überzufällig häufige Auftreten von gemischten Fehlern kann auch dadurch erklärt werden, dass die Wahrscheinlichkeit sinkt, durch *monitoring* ein Fehlerwort zu identifizieren, wenn das fehlerhafte Wort dem Zielwort in mehrfacher Hinsicht ähnlich ist. Der Eindruck eines *gemischten Fehlers* kann auch aufgrund von Selbstkorrekturen entstehen. Beispielsweise könnte ein Sprecher des Englischen in seiner Äußerung *let's stop – I mean start* ursprünglich *begin* intendiert haben, hat aber dann wegen der lautlichen Ähnlichkeit von *start* zu *stop* korrigiert (Jescheniak 2002: 42). Dadurch kann es zu einer Überschätzung der Häufigkeit von gemischten Fehlern kommen.

4.3 Versprecher-Typen

Versprecher lassen sich nach ihrer *Größe* der linguistischen Einheit (z. B. Phonem-, Morphem- oder Wortebene), nach ihrer *Deskription* (Ersetzung, Addition, Elision) und ihrer *Explikation* (Vorklang, Nachklang, Vertauschung, Kontamination) unterscheiden (Berg 1988). Im Folgenden werden die einzelnen Versprechertypen vorgestellt.

Wortsubstitution (Ersetzung) semantisch ähnlicher Wörter: Das Zielwort wird ersetzt und ein anderes, semantisch ähnliches Wort wird fälschlicherweise produziert. Dabei sind Inhaltswörter betroffen:

50

- *Damit kommst du auf keinen grünen Baum* ← *Zweig* (aus Leuninger 1993)
- *Das ist der Hund von Sabine* ← *die Katze* (aus Leuninger 1996). Die Anpassung sorgt hier dafür, dass der Artikel das korrekte Genus hat.

Wortsubstitution phonologisch ähnlicher Wörter (Malapropismus): Ein anderes, phonologisch ähnliches Wort wird fälschlicherweise produziert, z. B.

- *inzwischen hat die Polizei über Taxifunk Kontakt zu dem Versprecher* ← *Verbrecher* (aus Leuninger 1993)
- *wenn er jetzt eine Liaison hätte* ← *Läsion* (aus Leuninger 1996).

Solche Fehlleistungen sollten aber nur dann in eine Versprechersammlung aufgenommen werden, wenn der Sprecher den Unterschied zwischen den Wörtern (z. B. *Liaison/Läsion*) kennt und die Verwechslung nicht auf Unsicherheit beruht. Andernfalls handelt es sich um einen ‚echten‘ Malapropismus. Der Begriff Malapropismus geht auf die Figur der Mrs. Malaprop aus dem Stück „The Rivals“ (Sheridan 1775) zurück, die sich gerne mit Fremdwörtern schmücken möchte, allerdings statt der korrekten Formen ähnlich klingende Wörter verwendet – sie verwechselt diese aus Unwissenheit. Fay und Cutler (1977) verwendeten den Begriff *Malapropism* allerdings als Bezeichnung für alle Wortfehler, bei denen Zielwort und Fehlerwort phonologisch ähnlich sind – für die Versprecher und für die aus Unwissenheit resultierenden Fehler.

Wortsubstitution semantisch *und* phonologisch ähnlicher Wörter (*mixed error*): Hierbei wird das Zielwort durch ein Wort ersetzt, das sowohl semantisch als auch phonologisch zu dem Zielwort relatiert ist. Die Ähnlichkeit kann auf Laut-, Morphem- oder Wortebene sein:

- Laut: *rat* ← *cat* (siehe das Dell'sche Modell in Abschnitt 3.2)
- Morphem: *Kühlschrank* ← *Kleiderschrank* (aus Wiese online)
- Wort: *Da musst du jetzt aber auch nicht immer drumrumreiten!* ← *draufrumreiten* (Person war verärgert, bemerkt den Fehler nicht, aus Wiese online).

Wortvertauschung: Zwei Wörter werden vertauscht; meist sind es Inhaltswörter, die in der Wortart übereinstimmen. Die Wörter gehören verschiedenen Phrasen an und können weit auseinander stehen. Anhand dieses Versprechertypus begründete Garrett die funktionale Ebene in seinem Sprachproduktionsmodell (siehe Abschnitt 3.1):

- *kein Tropfen **Blut** im **Alkohol*** ← *Alkohol im Blut* (aus Berg 1988: 94)
- *Did you stay up **late very** last night?* ← *very late last night* (Garrett 1980)
- *Reden ist **Schweigen**, **Silber** ist Gold* ← *Reden ist Silber, Schweigen ist Gold* (aus Leuninger 1993)
- *Der **Affe** stammt vom **Menschen** ab* ← *Der Mensch stammt vom Affen ab* (aus Leuninger 1996)
- *Ich hab' 'ne **Frau** als **Holländerin*** ← *'ne Holländerin als Frau* (aus Leuninger 1996).

Lautvertauschung (Spoonerismus): Betroffen sind zwei Phoneme, die Gemeinsamkeiten bezüglich ihrer Positionsmerkmale haben, aber meist nicht ähnlich sind. Dieser Versprechertypus gilt als Argument für Garretts positionale Ebene im Modell (siehe Abschnitt 3.1):

- *denile **S**emenz* ← *senile **D**emenz* (aus Meringer/Mayer 1895: 20)
- *Eine **S**orte von **T**acher* ← *eine **T**orte von **S**acher* (aus Meringer/Mayer 1895: 20)
- *die hat an jedem **Z**inger **f**ehn* ← *die hat an jedem **F**inger **z**ehn* (aus Leuninger 1993).

Es können auch Einzelphoneme mit Clustern vertauscht werden:

- *nass vor **Bl**eid* ← *blass vor Neid* (aus Leuninger 1993)
- *Mein **Kr**alli putzt* ← *Mein **P**ulli **kr**atzt* (aus Leuninger 1993).

Morphemvertauschung (Stranding): Betroffen sind meist Stamm-Morpheme von Inhaltswörtern, die weit auseinander stehen können. Typischerweise sind unterschiedliche Satzglieder betroffen. Dabei werden die Flexionsmorpheme zurückgelassen, d. h. sie stranden, wie

- *so einen wie den **pfeif'** ich doch in der **Rauch**e* ← *so einen wie den rauch' ich doch in der Pfeife* (aus Leuninger 1993)
- *ein **g**enosser **Barock**mensch* ← *ein barocker Genußmensch* (aus Leuninger 1996)
- *Manchmal **schlaf**e ich abends so sehr, daß ich nicht ein**frieren** kann* ← *Manchmal friere ich abends so sehr, daß ich nicht einschlafen kann* (aus Leuninger 1996).

Vorklang (Antizipation): Antizipationen sind Vorklänge. Ein Element, das erst später in der Äußerung vorkommt und bereits geplant ist, wird früher eingesetzt. Dies kann einen Laut (a, b) ein Morphem (c, d) oder ein ganzes Wort (e) betreffen. Das spätere Element, der

Versprecherherd, kann im selben Wort sein (wie im ersten Beispiel) oder Wortgrenzen überschreiten.

- *Sappelschlepper* ← *Sattelschlepper* (aus Leuninger 1996)
- *It's a meal misery* ← *real* (aus Fromkin 1973)
- *ich werde nun zur Abschreitung der Anträge schreiten* ← *Abstimmung* (aus Keller/Leuninger 2004: 230)
- *Das ist dann ungleichmäßig vernug verteilt* ← genug (aus Berg p.c.)
- *können sie auch dir die Schuhe* ← *die Schuld in die Schuhe schieben* (aus Berg 1988: 71).

Nachklang (Postposition/Perseveration/Reiteration): Postpositionen sind Nachklänge und damit das Spiegelbild zu den Antizipationen. Ein bereits geäußertes Element ist bei der Planung noch aktiv und wird zum Versprecherherd. Postpositionen sind nicht so häufig wie Antizipationen. Auch hierbei kann ein Laut bzw. ein Cluster, ein Morphem oder ein Wort betroffen sein.

- Laut: *Ich bin bald vom Hocker gefollen* ← *gefallen* (aus Berg, p.c.)
- Cluster: *ich glaube, mich knutscht ein Knekel* ← *Ekel* (aus Leuninger 1993)
- Morphem: *Wie entstehen eigentlich Entsprecher?* ← *Versprecher* (aus Berg, p.c.)
- Wort: *das Zeitwort ist gewissermaßen das Geist Gottes* ← *der Geist Gottes* (aus Keller/Leuninger 2004: 230).

Harmonie (Vor- und Nachklang): Während Antizipationen durch den Einfluss eines Versprecherherds rechts vom Ziel entstehen und Postpositionen links vom Ziel, gibt es auch Fehlleistungen, die rechts und links einen Versprecherherd haben:

- *in dem vom ihm gegründeten Theater* ← *von* (aus Leuninger 1996).

Das linke *m* und das rechte *m* schließen *von* ein und führen zu einer harmonischen Lautanpassung, die es bspw. bei der Umlautbildung im Deutschen als Regularität gibt (Leuninger 1996: 112f.).

Addition (Hinzufügung): Ein Element wird hinzugefügt, wie

- *ohne die analystischen Vergleichungen* ← *analytischen* (aus Leuninger 1996).

Elision (Tilgung): Hier entfällt ein Laut, eine Silbe oder ein Wort(bestandteil), z. B.

- *Der Patient war **Scheißer** im Akkord* ← *Schweißer* (aus Leuninger 1996)
- ***Publistik*** ← *Publizistik* (aus Leuninger 1993)
- *die **Vergesellung*** ← *Vergesellschaftung* (aus Leuninger 1993)
- *Der deutsche **Eierkopfverbrauch*** ← *Der deutsche Eier-pro-Kopf-Verbrauch* (aus Leuninger 1993)
- *ohne sich _ Bein auszureißen* ← ***ein** Bein* (aus Berg 1988: 103).

Addition-Elision: Es gibt auch eine Kombination aus Hinzufügung und Auslassen eines Elements:

- *bei **Etten** und **Lesten*** ← *bei **Letten** und **Esten*** (aus Meringer 1908, zitiert nach Schade et al. 2003: 318).

Verschmelzung (Kontamination): Aus zwei bedeutungsähnlichen Wörtern, die beide bei einer Äußerung infrage kommen und damit Wettbewerber sind, entsteht eine phonologische oder morpho-logische Verschmelzung, d. h. die Produktionspläne zweier konkurrierender Elemente werden vermischt (in den ersten sechs Beispielen). Es können auch zwei Redewendungen miteinander verschmelzen (in den letzten beiden Beispielen). Leuninger (1996: 116) spricht hierbei von einem grammatisch angepassten Kompromiss:

- *dreeze* ← *draft/breeze* (aus Fromkin 1973)
- *upsited* ← *upset/excited* (aus Garrett 1975)
- *Ich bin das latt* ← *leid/satt* (aus Berg 1988: 106)
- *Jeglicher Kontakt zur Außenwelt ist unterboten* ← *untersagt/verboten* (aus Berg 1988: 106)
- *Als ich bei dir genachtet habe* ← *geschlafen/übernachtet* (aus Leuninger 1993)
- *Ich möchte Herrn L. beistimmen* ← *beipflichten/zustimmen* (aus Leuninger 1996)
- *Da muß ich noch ein ernstes Huhn mit ihm rupfen* ← *ein ernstes Wort reden* bzw. *ein Hühnchen rupfen* (aus Leuninger 1993)
- *Da muss ich erst noch mal mit meiner Frau drüber schlafen* ← *drüber schlafen/ mit meiner Frau drüber reden* (aus Wiegand 1996).

Im Unterschied zu den hier vorgestellten Typen von Versprechern sind Fehler beim Nachsprechen von **Zungenbrecher**-Sätzen zu sehen: Ein bestimmter Satz wird zum (wiederholten) schnellen Sprechen vorgegeben; bei der Fehlleistung beim Nachsprechen ist dann ‚nur' der Artikulationsapparat betroffen, denn eine Konzeptualisierung und Formulierung der einzelnen Elemente hat nicht stattgefunden. Die Fehlleistung entsteht damit erst im letzten Schritt, bei der

Artikulation. Bei dem Zungenbrecher-Satz *She sells sea shells* versprechen sich auch geübte Sprecher; dabei lassen sich eine Reihe von Gesetzmäßigkeiten der Artikulation ableiten (Schade 1992). Die phonologische Wohlgeformtheit der meisten Versprecher deutet darauf hin, dass nicht nur die Motorik, sondern auch das phonologische Wissen eine große Rolle spielt.

Die Versprechertypen finden sich auch als **Verschreiber** wieder. In der Schriftsprache, weniger in der gesprochen Sprache, finden sich auch Kongruenzfehler, wie das *broken agreement* (Bock/Miller 1991), z. B. *the time for fun and games are over*. Eigentlich müsste das Verb im Singular stehen (*is*), aber die Nähe von *games* im Plural verleitet zu einem Plural-Verb. Diese Art von Versprechern bzw. Verschreibern nennt man *verb attraction*. Auch Vor- und Nachklänge kommen häufig als Verschreibertypen vor sowie die Vertauschung zweier direkt aufeinander folgender Buchstaben.

4.4 Korrekturen

Mindestens die Hälfte der Versprecher werden repariert bzw. korrigiert, am häufigsten Antizipationen und am wenigsten Kontaminationen (Leuninger 1996: 150). Voraussetzung für die Reparatur eines Sprechfehlers ist ein Monitor, der bei Entdeckung eines Fehlers die Produktion abbricht und an einer geeigneten Stelle wieder aufnimmt (siehe Abschnitt 2.4). Häufig werden Versprecher schlichtweg überhört, da „der Hörer ganz ähnlich daran ist wie der Sprecher und wohl aus derselben Ursache überhört, aus der der andere sich verspricht" (Meringer/Mayer 1895:11). Leuninger konstatiert:

Der Produzent eines Versprechers ist nämlich meist der festen Überzeugung, seine Botschaft wohlbehalten überbracht zu haben, und beim Hörer kommt diese auch so an, das heißt, er korrigiert den Versprecher unbewußt. Das liegt daran, daß Sprecher und Hörer über dasselbe Sprachwissen verfügen, im Prinzip auf dasselbe Lexikon zurückgreifen können und ihre Äußerungen denselben Beschränkungen gehorchen; daher werden sowohl inhaltliche als auch formbedingte Versprecher unbewußt richtiggestellt (Leuninger 1996: 102f).

Wird ein Versprecher vom Sprecher bemerkt, kann die Korrektur angenähert werden, beispielsweise wird dann die falsche Form wortwörtlich wiederholt oder leicht variiert wiedergegeben. Manchmal wird auch nur ein Teil der Äußerung korrigiert, meist dann, wenn mehr als ein Versprecher in der Äußerung vorkommt. Eine Korrektur kann an unterschiedlichen Orten erfolgen und sollte spätestens nach dem fünften Wort geschehen, „ansonsten erlischt die Aufmerksamkeit des Systems" (Leuninger 1996: 134). In der Regel wird derjenige Fehler korrigiert, der die größte Nähe zum Satzende aufweist, weil das Arbeitsgedächtnis nur wenige Einheiten bis max. 10 Sekunden speichern kann (Leuninger 1996: 143). Laut Levelt (1989) geschieht der Abbruch innerhalb des problematischen Wortes in 18 % der korrigierten Äußerungen, direkt nach dem Wort in 51 % der Fälle, und in 31 % der Fälle ist die Korrektur verzögert. Im folgenden Beispiel (aus Berg p.c.) geschieht die Korrektur nach der Phrase: *Er ist verheiratet seit gut einem **Jahr**, und sie kriegt nächstes **Jahr** ... nächste Woche ein Baby* (Postposition).

Nach der ***main interruption rule*** (Levelt 1989: 478) soll bei einer Fehlermeldung die Produktion unmittelbar abgebrochen werden: „Stop the flow of speech immediately upon detecting trouble."
An welchem Punkt der Äußerung die erneute Produktion ansetzt, hängt vom Prinzip der Inkrementalität bei der Produktion ab (Kempen/Hoenkamp 1987): Die Produktion setzt am *Beginn* derjenigen Einheit ein, die von dem Teilprozess gerade fertiggestellt wird, auf den sich die Fehlermeldung durch den Monitor bezieht. Der Bezug des Beginns erlaubt eine „stark automatisiert arbeitende Reparaturkomponente" (Schade et al. 2003: 335), die sowohl in diskret-seriellen Stufenmodellen mit Inkrementalität als auch in interaktiven Modellen implementiert werden kann.

Neben stillen Pausen können auch **gefüllte Pausen**, die sog. *editing terms* (Levelt 1989), wie *äh, hihi* oder auch Hervorhebungen wie eine Vokaldehnung, als Signal für den Hörer dienen. Die Editing-Ausdrücke haben verschiedene Funktionen: (1) der Abbruch der Äußerung wird unterstrichen, (2) der Sprecher verschafft sich Zeit für eine Neuplanung und (3) diese helfen dem Hörer, die Reparatur als solche zu erkennen.

Dass Versprecherkorrekturen auf automatischen, modalitätsunabhängigen kognitiven Prozessen beruhen, zeigt das sog. **innere Versprechen** – ein Versprecher beim Denken.

In Ausnahmefällen kann das Feststellen des Fehlers und dessen anschließende Korrektur zu einem ‚Zusammenbruch', einem sog. **Versprechervirus** (auch: **Infektion**), führen, wie eine Radioansage zeigt: „Sie hörten die h-mess-Molle, Verzeihung, die h-moss-Melle, ich bitte sehr um Entschuldigung, die h-Moll-Messe von Johann Sebaldrian Bach, ich häng' mich auf!" (aus Leuninger 1993: 124).

Dass Korrekturen nicht immer erfolgreich sind, demonstrierte auch Stoiber bei einer Rede vor der Bundestagswahl:

Es muss zu schaffen sein, meine Damen und Herren, wenn ich die CDU ansehe, die Repräsentanten dieser Partei, an der Spitze, in den Ländern, in den

Kommunen, dann bedarf es nur noch eines (PAUSE) kleinen (PAUSE) Sprühens, sozusagen, (PAUSE) in die gludernde Lot, in die gludernde Flut, dass wir das schaffen können (PAUSE/ERSTER APPLAUS) und deswegen – (PAUSE) in die loderne Flut wenn ich es sagen darf (STÄRKERER APPLAUS) – und deswegen, (PAUSE) meine Damen und Herren, (STARKER APPLAUS) (zit. nach Steinbach 2003: 3).

4.5 Zusammenfassung

Versprecher können lustig sein, doch auch sie folgen sprachlichen Regularitäten: Versprecher sind normale und alltägliche Ausfälle in der Sprachproduktion; dabei kann ein einzelner Laut, ein Morphem oder ein ganzes Wort betroffen sein. Die zahlreichen Versprechertypen bieten Rückschlüsse darauf, wie die Sprachproduktion normalerweise, also fehlerfrei, funktioniert. Anhand von Versprecherdaten konnten Modelle der Sprachproduktion geschaffen und evaluiert werden. Jedes Modell muss in der Lage sein, alle Versprechertypen zu erklären. Wortvertauschungen verweisen auf Prozesse der funktionalen Ebene, während Lautvertauschungen auf Prozesse der positionalen Ebene hindeuten – damit bieten Versprecher Evidenz für zwei Stufen beim lexikalischen Zugriff (vgl. Abschnitt 1.2). Die Korrektur eines Versprechers ist nicht immer erfolgreich; zum Teil werden Versprecher auch gar nicht korrigiert, da der Sprecher seinen Fehler nicht bemerkt und/oder der Hörer den Versprecher automatisch korrigiert hat.

Aufgabe 1: Analysieren Sie folgenden Versprecher: *und das war das Fass, das den Tropfen zum Überlaufen brachte* ← *das war der Tropfen, der das Fass zum Überlaufen brachte* (aus Leuninger 1993).

Aufgabe 2: Erklären Sie den Versprecher *im Worden nolkig* ← *im Norden wolkig* (aus Leuninger 1993) sowie den Versprecher mit Korrektur *zum Schluss der Blecker, der Blick aufs Wetter* (aus Leuninger 1996).

Aufgabe 3: Was sagen semantische und phonologische Wortersetzungen sowie Morphemvertauschungen (Stranding) über die Organisation des mentalen Lexikons aus?

Grundbegriffe: grammatical category constraint, mixed errors, lexical bias, Slots-and-Filler-Modell, Substitution, Vertauschung, Stranding, Antizipation, Postposition, Harmonie, Addition, Elision, Kontamination, Zungenbrecher, Korrektur, Versprechervirus

Weiterführende Literatur: Versprechersammlungen im Deutschen finden sich bei Berg (1988), Leuninger (1993, 1996, online) und Wiese (online). Einen

Überblick über die Versprecheranalyse geben Berg (2003) und Bencini (2017); für Versprecherreparaturen und Versprecher im Sprachvergleich siehe Schade et al. (2003); zu Versprechern und Verschreibern siehe Vater (2009). Eine phonetische Analyse von Versprechern bieten Goldrick et al. (2016).

5. Wortfindungsstörungen: Das Tip-of-the-Tongue-Phänomen

Das *Tip-of-the-Tongue-Phänomen* (TOT) ist eine selektive Störung in der Wortfindung bzw. im Wortabruf und bezeichnet den Zustand, in dem ein Wort momentan nicht verfügbar ist, obwohl es im mentalen Lexikon gespeichert ist. Ähnlich wie die Versprecherforschung bieten TOTs Evidenz für die zwei Stufen im lexikalischen Zugriff (vgl. Abschnitt 1.2), da im TOT-Zustand die Lemma-Information verfügbar ist, aber kein bzw. nur partieller Zugriff auf das Lexem möglich ist: Der lexikalische Eintrag ist aktiviert, aber durch eine Störung beim Zugriff auf die Wortform kann das phonologische Enkodieren nicht abgeschlossen werden. Auch wenn die komplette Wortform verborgen bleibt, besteht oftmals nur ein Teilzugriff auf phonologische Informationen, was in Abschnitt 1.1 mit einer gelochten Karteikarte des Lexikoneintrags verdeutlicht wurde. Man spricht von **rudimentären Informationen** (*partial information*), wenn beispielsweise Zugriff auf das initiale Phonem/Graphem des gesuchten Wortes besteht, die Silbenzahl, der Wortakzent sowie semantisch und phonologisch ähnliche Wörter benannt werden können. Der Sprecher kennt beispielsweise die Bedeutung eines Wortes (*Unterwasserwaffe*, Konzept) und weiß, dass es sich um ein Nomen handelt, ein generisches Maskulinum (*der ...*, Lemma-Information), hat aber nur Teilinformationen über die Wortform, z. B. *das Wort beginnt mit T, es hat drei Silben, wobei die zweite betont ist, irgendwo ist noch ein o* (Lexem-Information). Der TOT-Zustand unterscheidet sich von allgemeinen Gedächtnisstörungen, denn bei einem TOT hat der Sprecher das Gefühl, dass der Abruf des gesuchten Wortes unmittelbar bevorsteht (*imminence*). Im Deutschen spricht man auch vom **Zungenspitzenphänomen**.

Die TOT-Erfahrung ist universal und wurde bereits in vielen Sprachen untersucht. Auch der anatomische Verweis auf die Zunge ist in den meisten Sprachen vorhanden, z. B. *mot sur le bout de la langue* (MBL) im Französischen. Schwartz (1999) untersuchte 51 Sprachen, wovon 45 das Wort für die Zunge bei der Beschreibung des TOT-Phänomens verwenden.

Emotionale Reaktionen, wie Aufregung, Unruhe und Überraschung können einen TOT begleiten. Brown und McNeil (1966) haben die Frustration beim Suchen und dann die Erleichterung beim Finden betont. Die emotionale Reaktion ist allerdings kein notwendiger Teil eines TOTs, sondern nur eine Begleiterscheinung. Bei natürlich auftretenden TOTs, beispielsweise wenn einem der Name eines Bekannten entfallen ist, den man gerne vorstellen möchte, dürfte das Stresslevel und das Frustrationspotenzial größer sein als bei evozierten TOTs im Labor.

Verwandt mit dem TOT-Phänomen, dem ‚Wort auf der Zunge‘, ist das **Feeling-of-Knowing-Phänomen (FOK)**, das ‚Gefühl des Wissens‘. In einem FOK-Zustand kann aber nicht auf rudimentäre Informationen zugegriffen werden; allein die Vertrautheit mit dem Thema oder die empfundene Schwierigkeit des Wortes ist entscheidend. Der FOK ist somit vergleichbar mit einer Zwischenstufe zwischen einer NEIN-Antwort und einem TOT-Zustand. Ein Sprecher kann beispielsweise beurteilen, wie wahrscheinlich es ist, das Zielwort unter Alternativen wiederzuerkennen.

Das Pendant eines TOTs in der Lautsprache ist das sog. **Tip-of-the-Finger-Phänomen (TOF)** in der Gebärdensprache (siehe Abschnitt 7.3). Weitere verwandte Phänomene sind das **Tip-of-the-Pen-Phänomen (TOP)** in der schriftlichen Sprachproduktion sowie Versprecher und Verschreiber (siehe Kapitel 4, insb. Abschnitt 4.3) sowie Vergebärdler (siehe Abschnitt 7.2). Das **Déjà-vu-Phänomen** bezeichnet das Gefühl, etwas schon einmal erlebt zu haben, und das **Blank-in-the-Mind-Phänomen** beschreibt den Zustand, vergessen zu haben, was man gerade tun wollte. Die beiden letzten Phänomene sowie FOKs werden eher in der Psychologie (im Bereich Metakognition) untersucht als in der Psycholinguistik.

5.1 Charakteristika der TOT-Studien

Schon früh wurden TOTs untersucht: Die ersten Tagebuchstudien dazu stammen aus den 1930er Jahren (Wenzl 1932; Woodworth 1934). Die Häufigkeit von natürlich entstehenden TOTs kann von den Probanden geschätzt, im Tagebuch festgehalten oder anhand von retrospektiven Fragebögen und Interviews dokumentiert werden. Dabei kann auch nach verfügbaren Informationen über das Zielwort oder nach der Suchstrategie gefragt werden.

Reason und Lucas (1984) beschrieben folgende Probleme bei Tagebuchstudien: Die Teilnehmer (meist Studierende), die sich für solch eine Studie anmelden, könnten besonders viele TOTs erleben (*volunteer bias*); nicht alle TOTs werden notiert, einige werden vergessen, z. B. weil sie schnell aufgelöst wurden (*item selection*); es werden weniger Informationen notiert als eigentlich zur Verfügung stehen, weil das Vergessen zwischen dem TOT-Zustand und dem Notieren eintritt (*information loss*).

Im Unterschied zu einer Feldstudie kann in einer Laborstudie eine größere Anzahl an TOTs evoziert und gewisse Faktoren kontrolliert bzw. auch manipuliert werden. In der ‚klassischen' Pionierstudie von Brown und McNeill (1966) wurden den Probanden Definitionen vorgelesen, um TOTs zu evozieren, z. B. „A navigational instrument used in measuring angular distances, especially the altitude of sun, moon, and stars at sea" für *sextant*. Auf einem Antwortblatt sollten die Probanden angeben, ob sie das Wort kennen und benennen können (KNOW/JA), das Wort nicht kennen (DON'T KNOW/NEIN) oder ob ihnen das Wort auf der Zunge liegt und der Abruf unmittelbar bevorsteht (TOT). In dieser Studie sollten die Probanden auch angeben, welche Informationen im TOT-Zustand verfügbar sind, z. B. das erste Phonem/Graphem, die Wortart (mit Genus bei Nomina), das Hilfsberb (Auxiliar *haben* vs. *sein*) bei der Perfektbildung sowie Wörter mit ähnlichem Klang und Wörter mit ähnlicher Bedeutung. Die Studie von Brown und McNeill wurde mehrfach repliziert, für das Deutsche siehe Hofferberth (2008, 2011). Außerdem wurde sie auf den Computer übertragen, was eine systematische Präsentation der Stimuli (Definitionen) ermöglicht sowie der Primes bzw. Cues, um die Entstehung bzw. die Auflösung eines TOTs zu manipulieren (siehe Abschnitte 5.2 und 5.4). Außerdem können die Reaktionszeiten auf die Definition (JA/NEIN/TOT) und auf eine Hilfe (Cue) gemessen werden, wobei die Hilfe dazu dient, den TOT-Zustand aufzulösen (Sauer 2015).

Die Elizitation (das Hervorrufen) von TOTs erfolgt im Labor überwiegend anhand von Definitionen. Es können aber auch Bilder bzw. Strichzeichnungen verwendet werden, insbesondere dann, wenn es um Eigennamen geht. Auch sog. **TOTimals** können zum Hervorlocken von TOTs verwendet werden. Dies sind imaginäre Tiere, deren Namen vor der Studie gelernt werden müssen (Smith et al. 1991). Die Pseudonamen der Tiere sind für alle Probanden neu, so dass sich der Einfluss des Erwerbsalters (AoA, *Age of Acquisition*) und die damit verbundene Vertrautheit mit dem Wort kontrollieren lässt. Die Probanden, die den Namen des TOTimals nicht abrufen können, haben ihn allerdings vielleicht noch gar nicht gelernt, also noch nicht in ihrem mentalen Lexikon gespeichert (Valentine et al.

1996). Außerdem hat das Gefühl, dass der Abruf des gesuchten Wortes kurz bevorsteht, vielleicht nichts mit einem TOT zu tun, sondern damit, dass das Wort erst vor kurzem gelernt wurde. Diese Kritik lässt sich allerdings nicht nur bei TOTimals, sondern bei jeglichem künstlichen Material anbringen.

Des Weiteren gibt es die **Moses Illusion**, um TOTs zu evozieren. Bei dieser Vorgehensweise erscheinen die Fragen plausibel, sind aber fiktiv, z. B. *Wie viele Tiere nahm Moses mit auf die Arche?* Die meisten Sprecher antworten damit, dass es von jeder Rasse zwei waren, und merken häufig nicht, dass nach Moses anstatt Noah gefragt wurde. Das Verfahren wurde erstmals von Erickson und Mattson (1981) angewendet; eine Erweiterung dazu findet sich bei Shafto und MacKay (2000).

Seit einigen Jahren werden neben behavioralen Studien auch bildgebende Verfahren zum Messen und Lokalisieren von TOTs verwendet, insbesondere bei Eigennamen. Im TOT-Zustand sind z. B. der anteriore cinguläre Cortex (ACC) und der präfrontale Cortex (PFC) besonders aktiviert, was für einen Wettbewerb zwischen mehreren Wortkandidaten spricht (Maril et al. 2001). Anhand von fMRT-Studien kann ein TOT auch von einem FOK unterschieden werden (Maril et al. 2005). In EKP-Studien wurde der zeitliche Aspekt des lexikalischen Zugriffs untersucht: Erst ab etwa 300 ms sind Unterschiede in den EKP-Komponenten zwischen JA- und TOT-Antworten ersichtlich, davor noch nicht (Lindín/Díaz 2010).

Es wurde auch demonstriert, dass ein Sprecher im TOT-Zustand das gesuchte Wort für positiv bzw. die gesuchte Person für moralisch einwandfrei hält (*positivity bias*). In einer neueren Studie (Cleary et al. 2020) wurde zudem gezeigt, dass in einem TOT-Zustand eher ein Risiko für Glücksspiel eingegangen wird.

5.2 Entstehung und Häufigkeit von TOTs

Wir sind relativ häufig von TOTs betroffen: etwa einmal pro Woche im Alltag und zwischen 10-20 % in Laborstudien (Brown 2012: 45).

Nach dem Levelt-Modell (1989) entstehen TOTs, wenn der Zugriff auf das Konzept und das Lemma erfolgreich war, es aber anschließend zu einem **Zusammenbruch** (*breakdown*) in der phonologischen Enkodierung kommt, so dass auf das Lexem nicht vollständig zugegriffen werden kann. Die Sicht, dass TOTs auf einem Zusammenbruch der phonologischen Enkodierung beruhen, ist auch mit denjenigen Sprachproduktionsmodellen vereinbar, die keine Lemma-Ebene, sondern stattdessen ein semantisches System bzw. ein lexikalisch-semantisches Netzwerk annehmen (vgl. Abschnitt 3.4).

Während anhand der Modelle aufgezeigt werden kann, *wo* ein TOT entsteht, gibt es zwei Hypothesen zur Erklärung des *Warum*: (1) Die Hypothese der **Blockierung** *(blocking)* erklärt das Auftreten eines TOTs dadurch, dass alternative Wörter den Zugriff auf das gesuchte Wort blockieren, während (2) die Hypothese der **Teilaktivierung** *(incomplete activation)* besagt, dass die Wortform zwar teilweise aktiviert ist, aber eben nicht vollständig. Eine Form von (2) ist die Hypothese des **Übertragungsdefizits** *(transmission deficit)* von den semantischen auf die phonologischen Knoten (Burke et al. 1991; MacKay/Burke 1990).

Gegen die Blockierungshypothese spricht, dass nicht bei jedem TOT alternative Wörter vorliegen, sondern in nur ca. 33-50 % der Laborstudien und bei circa 50-75 % der natürlich auftretenden TOTs (Brown 2012: 121); als angebliche Verursacher sollten die Alternativen aber alle TOTs begleiten. Außerdem zeigen ältere Sprecher generell mehr TOTs, aber weniger alternative Wörter, obwohl diese nach der Blockierungshypothese mit der Anzahl der TOTs dann auch ansteigen müssten. In zahlreichen Studien wurde gezeigt, dass insbesondere phonologisch ähnliche Wörter den lexikalischen Zugriff nicht blockieren, sondern erleichtern.

In den meisten Studien wird für die Hypothese des Übertragungsdefizits (TDH, *transmission deficit hypothesis*) plädiert. Diese Hypothese beruht auf der Knotenstrukturtheorie (NST, *node structure theory*), die besagt, dass in einem Netzwerk derjenige Knoten aktiviert wird, der die meiste Aktivierung erhält (MacKay 1987). Brown (2012: 160) spricht hierbei von der „most influential theory on TOT etiology".

Die Verbindungen zwischen dem semantischen und dem phonologischen System können geschwächt werden. Burke und Kollegen (1991) betonen dabei drei Variablen, die das Übertragungsdefizit regulieren: die Häufigkeit des Wortes *(frequency)*, der Zeitpunkt der letzten Verwendung *(recency)* und der Altersfaktor *(aging)*. TOTs kommen damit eher bei Wörtern vor, die niedrigfrequent sind, länger nicht verwendet wurden und/oder aufgrund von altersbedingten Veränderungen. Außerdem kommt es besonders häufig zu TOTs, wenn der Sprecher müde, gestresst, aufgeregt oder angespannt ist.

TOTs kommen auch besonders häufig bei Eigennamen vor, da sie im Vergleich zu Gattungsnamen willkürlich (arbiträr) sind; beispielsweise heißen nicht alle hübschen spanischen Frauen mit langen, braunen Haaren *Carmen*. Außerdem sind Eigennamen nicht so beschreibend (deskriptiv) und bedeutungsvoll wie Gattungsnamen. Insgesamt gibt es häufiger TOTs bei Personennamen als bei Länder- oder Städtenamen (Schacter 2007: 102). TOTs bei Eigennamen werden im Vergleich zu TOTs bei Objektbezeichnungen wahrscheinlich leichter wahrgenommen, da es kein Synonym für den Namen gibt und man ihn nicht durch Kompensationsstrategien umgehen kann.

Brédart und Valentine (1998) haben in einem Experiment mit Namen von Märchen- und Comicfiguren herausgefunden, dass es bei deskriptiven Namen seltener zu Blockierungen und darüber hinaus zu mehr akkuraten TOT-Auflösungen kommt als bei willkürlichen Namen. Zu den deskriptiven Namen gehören z. B. *Show White* (Schneewittchen) und *Grumpy* (Brummbär), zu den willkürlichen Namen *Pocahontas* und *Mary Poppins*.

Bei einer Person, die uns neu vorgestellt wird, können wir uns eher den Beruf als den Namen merken, da mit dem Beruf zahlreiche Assoziationen verknüpft sind. Während eine Berufsbezeichnung eine Fülle von Assoziationen und Kenntnissen abruft, steht ein Eigenname weitgehend für sich. Die Berufsbezeichnung *Bäcker* ist beispielsweise mit einer großen Anzahl an Knoten verknüpft, die semantische Informationen präsentieren, wie ‚steht früh auf', ‚knetet Teig', ‚backt Brot', ‚verkauft Kuchen'. Der Sprecher kann zusätzlich auf visuelle Informationen zurückgreifen, wie ‚trägt eine Schürze und eine Kochmütze'. Diese Aspekte treffen nicht auf den Personennamen *Bäcker/Becker* zu: Der Name klingt zwar genauso wie die Berufsbezeichnung (man spricht von einem Gleichklang, einem Homophon), ist jedoch nur ein willkürlicher Name und hat mit einem Bäcker – oder auch Boris Becker – nur wenig gemeinsam. Die lexikalische Repräsentation eines Eigennamens enthält eine schwächere und störanfälligere Aktivierung, da diese nur über eine einzige Verbindung erfolgt. Ein Gattungsname wird hingegen aus mehreren Verbindungen aktiviert. Man spricht vom sog. **Baker-Baker-Paradox** (siehe Abb. 10).

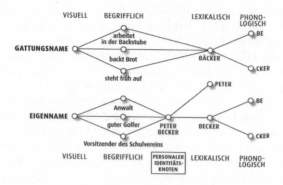

Abb. 10: Das Bäcker-Bäcker-Paradox verdeutlicht die unterschiedliche Aktivierung eines Eigennamens im Vergleich zu einem Gattungsnamen. Die lexikalische Repräsentation des Eigennamens enthält eine schwächere und störanfälligere Aktivierung, da diese nur über eine einzige Verbindung erfolgt. Der Gattungsname erhält Aktivierung aus mehreren Quellen und wird daher stärker aktiviert (aus Schacter 2007: 108).

Vor allem ältere Sprecher erleben viele TOTs (Burke et al. 1991; Heine et al. 1999) sowie mehrsprachige Personen (siehe Abschnitt 6.3). Ältere Erwachsene erleben im Vergleich zu Jüngeren nicht nur TOTs bei seltenen Wörtern, sondern auch bei Wörtern, die regelmäßig verwendet werden. Mit dem Alter nimmt die Verfügbarkeit von rudimentären Informationen und auch die Anzahl an alternativen Wörtern ab. Ältere Sprecher suchen weniger aktiv, sondern verlassen sich eher darauf, dass das gesuchte Wort spontan zugänglich wird.

In einigen Untersuchungen wurde die Entstehung eines TOTs manipuliert. In diesen sog. **Priming-Studien** wurden die Primes in der Regel vor der Definition präsentiert (selten danach), aber immer *vor* der Reaktion auf die Definition (JA/NEIN/TOT). Diese Studien haben gezeigt, dass weniger TOTs auftraten, wenn vor dem Experiment eine Wortliste gelesen wurde, auf der die Hälfte der Zielwörter ohne zusätzliche Wörter stand. Sollten die Probanden zudem beurteilen, wie gut ihnen das Wort gefällt oder die Silbenzahl bestimmen, dann mussten sie sich dadurch eingehender mit den Wörtern beschäftigen, was anschließend zu weniger TOTs führte. Sollten die Probanden lediglich angeben, wie viele Großbuchstaben die Wörter haben, beeinflusste dies später nicht die Anzahl der TOTs (Rastle/Burke 1996). Insgesamt führten phonologische Primes zu *weniger* TOTs und zu *mehr* korrekten JA-Antworten (z. B. James/Burke 2000). In Abschnitt 5.4 wird gezeigt, dass auch phonologische Cues (die nach der Reaktion auf die Definition präsentiert werden) einen erfolgreichen lexikalischen Zugriff ermöglichen und zu *mehr* akkuraten Auflösungen führen.

5.3 TOT-Typen

Unterschieden werden *first-person* **TOTs**, bei denen die Probanden selbst bestimmen, ob ihnen das Wort auf der Zunge liegt, von *third-person* **TOTs**, bei denen der Versuchsleiter entscheidet, ob ein TOT vorliegt, z. B. dahingehend, ob rudimentäre Informationen verfügbar sind oder nicht, oder anhand der Einschätzung der Wiedererkennung des Zielwortes. Das gesuchte Wort kann einem Sprecher sofort einfallen, so dass der TOT-Zustand so kurz ist, dass er evtl. gar nicht als solcher wahrgenommen wird (*brief* **TOT** bzw. *mini* **TOT**). Dies kann bedeuten, dass vor einer JA-Antwort auch ein kurzer TOT vorgelegen haben könnte. Das Zielwort kann auch plötzlich verfügbar sein (*Pop-up*), häufig dann, wenn man abgelenkt ist und das Wort nicht aktiv sucht. Unser Gehirn arbeitet ‚im Hintergrund‘ und sucht nach dem Wort, während wir einer anderen Tätigkeit nachgehen und beispielsweise Geschirr spülen oder Zähne putzen. TOTs können aber auch lange andauern (**persistierender TOT**) oder wiederholt bei demselben Wort bei derselben Person entstehen (**wiederkehrender TOT**). Man unterscheidet auch *real* **TOTs** von den *illusory* **TOTs** (TOTs bei Moses-Illusionen und bei TOTimals).

Außerdem können TOTs zusätzlich nach der Korrektheit ihrer Auflösung unterschieden werden: **akkurat aufgelöste TOTs** bedeuten, dass die Antwort des Probanden mit dem Zielwort übereinstimmt, **inakkurat aufgelöste TOTs**, dass die Antwort vom Zielwort abweicht, und **unaufgelöste TOTs** bedeuten, dass keine Antwort (in der vorgegebenen Zeit) erfolgte.

5.4 Auflösen von TOTs

Der TOT-Zustand kann unmittelbar, verspätet oder gar nicht aufgelöst werden. Die meisten TOTs werden innerhalb von 20 bis 30 Sekunden aufgelöst (Brown 2012: 127).

Die Auflösungsrate in Tagebuchstudien liegt bei über 70 %, während in Laborstudien etwa ein Drittel der TOTs aufgelöst werden. Solche Zahlen sagen aber noch nichts darüber aus, ob die Antwort der Person mit dem Zielwort übereinstimmt (akkurate oder inakkurate TOT-Auflösung).

Pop-ups können subjektiv überbewertet werden. Die Freude an der Wiederentdeckung des gesuchten Wortes lässt das auslösende Ereignis dann vergessen. In Tagebuchstudien sollten daher auch die Ereignisse notiert werden, die zur Auflösung des TOT-Zustands geführt haben. Burke et al. (1991) zeigten, dass 54 % der TOTs durch Pop-ups aufgelöst wurden. Jüngere Erwachsene waren dabei engagierter und suchten aktiv nach dem Wort, während ältere Erwachsene passiver waren und von einer größeren Anzahl von Pop-ups berichteten.

Warriner und Humphreys (2008) zeigten, dass ein bereits erlebter TOT-Zustand wahrscheinlich das nächste Mal wieder zu einem TOT bei demselben Wort führen wird. Insbesondere nach einem unaufgelösten TOT stieg die Wahrscheinlichkeit um das Dreifache, wieder einen TOT zu erleben – im Vergleich zu vorher aufgelösten TOTs. Auch wenn besonders lange nach dem Zielwort gesucht wurde, stieg die Wahrscheinlichkeit eines wiederkehrenden TOTs. Auch Brown und Croft Cadero (2014) untersuchten das **Lernen des Fehlers** (*Error Learning Theory*). Sie fanden allerdings im Vergleich zu Warriner und Humphreys mehr wiederkehrende TOTs bei zuvor aufgelösten TOTs, aber auch mehr wiederkehrende TOTs nach langen Suchzeiten. Es scheint, als ob im mentalen Lexikon (wie auf einer Karteikarte) vermerkt wird, dass bereits einmal ein Fehler bei diesem Wort vorlag und die Wahrscheinlichkeit damit steigt, dass es beim nächsten Mal wieder zu einem Fehlzugriff kommt. Dieser Befund führt zu didaktischen Überlegungen in der Schule oder an der Universität: Das Zielwort, z. B. ein Fachterminus oder die Übersetzung des Wortes in eine andere Sprache, sollte von der Lehrperson entweder genannt werden oder die Schüler bzw. Studierenden sollten die Möglichkeit haben, das gesuchte Wort nachzuschlagen, um nicht zu lange im TOT-Zustand zu verweilen. Damit könnte evtl. ein wiederkehrender TOT vermieden werden.

Es gibt verschiedene aktive Suchstrategien: die **mentale Suche**, wie die ABC-Strategie, bei der jeder Buchstabe im Alphabet durchgegangen wird, in der Hoffnung, dass der ‚richtige‘ dabei ist. Außerdem kann man sich über phonologisch ähnliche Wörter annähern, z. B. *Roularde* für das Zielwort *Poularde* oder über semantisch ähnliche Wörter bzw. eine Assoziationskette, wie *Marie Antoinette – Frankreich – Bastille – Axt* für das Zielwort *Guillotine* oder auch *Putin – roter Oktober – Sean Connery* für das Zielwort *Torpedo* (Proband D. C. aus Hofferberth 2008). Manchmal ‚versteift‘ man sich auf eine Endung des gesuchten Wortes, wie die finalen Buchstaben -*graf* (z. B. in *Oszillograph* und *Seismograph*), was allerdings bei dem

Zielwort *Sextant* in die falsche Richtung führt und den TOT unaufgelöst lassen kann (Proband S. S. aus Hofferberth 2008). Solche Alternativen oder Assoziationen vermitteln das Gefühl, dem Zielwort nahe zu sein und kurz vor der Lösung zu stehen; aber sie können den TOT-Zustand auch verlängern, wenn der Sprecher dadurch auf eine falsche Spur gelenkt wird.

Außerdem können Sprecher **externe Ressourcen** verwenden und in Enzyklopädien oder Lexika nachschlagen oder eine andere Person fragen. Zehn Jahre nach der TOT-Studie von Brown und McNeill ist *Bernstein's Reverse Dictionary* (1976) erschienen, ein Wörterbuch, welches man ‚rückwärts' benutzen kann, d. h. mit einer Definition bzw. mit Hinweisen, um das gesuchte Wort zu finden. In der Studie von Hofferberth (2008) haben u. a. die Definitionen zu *Stalagmit* und *Guillotine* häufig TOTs ausgelöst. Erlebt ein (englischsprachiger Sprecher) beispielsweise einen TOT bei dem Wort *stalagmite* (Stalagmit), so kann er unter der Assoziation bzw. dem semantisch ähnlichen Wort *cave* (Höhle) nachsehen: „cave formation, cone-shaped, that is built up on the floor: STALAGMITE" (Bernstein 1976: 26). Auch die Duden-Redaktion (Duden 2014) bietet ein Synonymwörterbuch an; unter den Einträgen *Fallbeil* und *Hinrichtung* ist das gesuchte Wort *Guillotine* angegeben. Darüber hinaus kann auch die TOT-Datenbank bei der Suche eines englischen Wortes behilflich sein (TOT-Datenbank online): Geben Sie alle Informationen ein, die Ihnen zur Verfügung stehen und mit etwas Glück ist ihr gesuchtes Wort in der angebotenen Wortliste dabei.

Die Auflösungsrate durch externe Quellen ist in etwa gleich hoch wie bei der mentalen Suche. Durch die elektronischen Fortschritte, wie einer Internetverbindung per Handy, wird die Datensuche immer noch schneller und präziser, so dass sich die Auflösungsrate beim Hinzuziehen externer Quellen zukünftig noch erhöhen wird.

Das eigene Bereitstellen phonologischer Hilfen (*self-cueing*) ist schwierig; in Laborstudien kann die TOT-Auflösung daher gezielt durch Hilfen (*Cues*) manipuliert werden.

In den Priming-Studien zur Manipulation der TOT-Entstehung trugen phonologisch ähnliche Wörter zur Reduzierung von TOTs und zur Erhöhung von JA-Antworten bei. Auch im Hinblick auf die TOT-Auflösung ist der Effekt positiv: Phonologische und orthographische Cues konnten im Vergleich zu unrelatierten Cues die TOT-Auflösung erleichtern, wie im Folgenden gezeigt wird.

In den **Cueing-Studien** werden die Cues *nach* der Reaktion auf die Definition präsentiert, d. h. wenn der Proband bereits angegeben hat, einen TOT zu erleben. Anhand dieses Verfahrens kann überprüft werden, ob der TOT-Zustand nach Präsentation des Cues besser oder schlechter aufgelöst wird. Schon früh wurde demonstriert, dass die Präsentation des ersten Graphems die TOT-Auflösung erleichtert (Freedman/Landauer 1966), z. B. wurde der Buchstabe *S* für das Zielwort *Sextant* gezeigt. Heine und Kollegen (1999) präsentierten orthographische Cues, die den initialen Buchstaben sowie die Anzahl der Buchstaben angezeigt haben (z. B. *p_ _ _ _ _ _ _ _* für *potpourri*), die im Vergleich zu semantischen Hilfen (*salamander* für *chameleon*) die TOT-Auflösung erleichterten.

In den Studien, in denen Cue-Wörter präsentiert wurden, in die eine Silbe des Zielwortes eingebettet war, wurde gezeigt, dass die *erste Silbe* im Vergleich zur mittleren und letzten Silbe die TOT-Auflösung erleichterte (White/Abrams 2002). Damit der Cue erfolgreich war, musste die *komplette erste Silbe* präsentiert werden – das initiale Phonem oder Graphem reichte dabei nicht aus (Abrams et al. 2003). Hilfreich war zudem, wenn das Cue-Wort eine andere Wortart hatte als das Zielwort, z. B. der Adjektiv-Cue *robust* für das Nomen-Zielwort *rosary* (Abrams/Rodrigues 2005). Dies spricht dafür, dass phonologisch ähnliche Wörter mit derselben Wortart miteinander konkurrieren und dadurch die TOT-Auflösung erschweren, während phonologisch ähnliche Wörter mit unterschiedlicher Wortart die TOT-Auflösung erleichtern. Die ältesten Teilnehmer (*old-old,* 75-89 Jahre) in den Abrams-Studien zeigten den Cueing-Effekt allerdings nicht (Abrams et al. 2007). Anscheinend wird zur Aktivierung der Wörter bei Senioren ein höherer Schwellenwert und damit auch *mehr* phonologische Information benötigt als die erste Silbe allein, damit das Cueing wirksam wird (Hofferberth-Sauer/Abrams 2014).

In der Studie von Sauer (2015) wurde die erste Silbe des Zielwortes *isoliert* präsentiert. Die Silbe war also nicht in ein anderes Wort eingebettet, wodurch syntaktische und semantische Aspekte ausgeblendet werden konnten. Es zeigte sich im ersten Experiment ein **Silben-Cueing-Effekt**: Die *korrekte erste Silbe* war im Vergleich zu einer inkorrekten Silbe (die erste Silbe eines anderen Wortes) oder der Kontrollbedingung (drei Kreuze auf dem Bildschirm) ein erfolgreicher Cue, um den TOT-Zustand aufzulösen. Die erste Silbe hat geholfen, das Transmissionsdefizit zwischen der Lemma- und der Lexem-Ebene zu überwinden. Nach Präsentation einer inkorrekten Silbe verharrten die Personen länger im TOT-Zustand und konnten ihn weniger gut auflösen. Nach Präsentation der Kontrollbedingung kam es zu signifikant mehr inakkuraten Antworten im Vergleich zu den anderen beiden Bedingungen.

Darüber hinaus zeigte Sauer in einem weiteren Experiment einen **segmentalen Überlappungseffekt**: Durch die *erweiterte erste Silbe*, d. h. die erste Silbe mit dem Segment der nachfolgenden Silbe, konnte der TOT-Zustand noch schneller und akkurater auflöst werden im Vergleich zur regulären Silbe (erste Silbe) und der Kontrollbedingung (drei Kreuze auf dem Bildschirm). Je größer die segmentale Überlappung zwischen Cue und Zielwort, desto schneller und besser war die TOT-Auflösung.

Wenn ein TOT-Zustand aufgelöst wird, kann sich das Wort des Probanden vom Zielwort des Experimentators unterscheiden. Wird der TOT-Zustand nicht aufgelöst, ist unklar, ob es ein akkurat aufgelöster TOT oder ein inakkurat aufgelöster TOT gewesen wäre. In einem *Wiedererkennungstest* kann das Zielwort (ohne Alternativen und Ablenker) präsentiert werden und die Versuchsteilnehmer können angeben, ob es sich um ihr gesuchtes Wort handelt. Eine andere Möglichkeit ist ein *Multiple-Choice-Test*, bei dem das Zielwort unter mehreren Distraktoren vorkommt, die semantisch und/oder phonologisch mit dem Zielwort verwandt sind. Dieses Verfahren wurde von Freedman und Landauer (1966) eingeführt und in einigen Studien angewendet. Doch beide Methoden bergen auch Gefahren: Bei einem Wiedererkennungstest können die Versuchspersonen einfach behaupten, dass das präsentierte Wort ihr gesuchtes Wort war, insbesondere, wenn immer das korrekte Zielwort angeboten wird. In einem Multiple-Choice-Test können die Distraktoren auf das Zielwort verweisen, so dass die Versuchsteilnehmer durch Ausschlussverfahren überlegen können, welches angebotene Wort semantisch verwandt ist und welches beispielsweise denselben initialen Buchstaben hat.

Vergleicht man TOTs mit der Diskussion um das halbvolle bzw. halbleere Glas, dann können sie entweder als Abrufstörung oder als erfolgreicher Teilzugriff betrachtet werden. Wenn TOTs bei hochfrequenten Wörtern entstehen, dann weist das auf einen unzureichenden Zugriff hin (TOT anstatt JA); wenn TOTs hingegen bei niedrigfrequenten Wörtern entstehen, spricht das für einen verbesserten lexikalischen Zugriff (TOT anstatt NEIN). Insgesamt sprechen TOTs eher für den erfolgreichen Teilzugriff, da im TOT-Zustand auch eine positive Einstellung mitschwingt, das gesuchte Wort gleich abrufen zu können.

5.5 Anomie bei Aphasikern

Weitere Evidenz für den zweistufigen Zugriff auf das mentale Lexikon bieten Daten von **Aphasie**-Patienten, die eine pathologische Form von TOT-Zuständen aufgrund einer Hirnverletzung (z. B. Schlaganfall, Schädel-Hirn-Trauma oder Hirntumor) aufweisen. Bei weitgehend intaktem Sprachverstehen haben diese Patienten erhebliche Wortfindungsstörungen auch bei alltäglichen, hochfrequenten Wörtern. Man spricht hierbei von **Anomie**. Häufig werden Stellvertreterworte (*das Dings da*) verwendet und Ersatzstrategien, wie Umschreibungen oder Ausweichen in allgemeine Floskeln (*na, Sie wissen schon*). Im Gegensatz zu Wernicke-Aphasikern, die ein lexikalisch-semantisches Defizit aufweisen, beruhen die Wortfindungsstörungen von Anomikern auf einer „Blockierung des Zugangs zum mentalen Lexikon" (Keller/Leuninger 2004: 256).

Badecker und Kollegen (1995) demonstrierten anhand des italienischen Anomikers „Dante", welche Informationen bereits vor dem Zugriff auf die Wortform verfügbar sind. Der Italiener Dante war zum Zeitpunkt der Untersuchung 24 Jahre alt und wies aufgrund einer Meningitis weitverteilte Schädigungen in frontalen, temporalen und parietalen Hirnregionen auf. Nach komatösen Zuständen zeigte er vier Wochen nach Beginn der Störung wieder eine flüssige Sprachproduktion, allerdings mit erheblichen Wortfindungsstörungen in der mündlichen als auch in der schriftlichen Modalität. Semantische und syntaktische Informationen (Lemma) waren Dante zugänglich, doch blieb er beim Zugriff auf die Wortform (Lexem) „stecken". Bei Wörtern, auf die er keinen phonologischen Zugriff hatte, konnte er trotzdem mit 95 bis 98 prozentiger Sicherheit das richtige grammatische Geschlecht des Wortes angeben. Um Vorhersagen durch beispielsweise semantische Informationen oder durch die Wortform zu vermeiden, legte man Dante neben regelmäßigen Wörtern (im Italienischen sind Wörter auf -*o* meistens maskulinum und Wörter auf -*a* femininum) auch nicht-kanonische Wörter mit unregelmäßiger Endung vor, z. B. *la radio* (trotz *o*-Endung ist es femininum). Bei Dante war interessanterweise kein Performanzunterschied zwischen regulären und nicht-regulären Nomina zu beobachten. Diese Ergebnisse bieten Evidenz dafür, dass Dante die Genuszuweisung ohne Rückgriff auf phonologische Information durchgeführt hat. Außerdem legte man Dante Substantive mit der grammatischen Spezifikation Genus maskulinum vor, die entweder den regelmäßigen Artikel *il* oder den unregelmäßigen Artikel *lo* verlangen (das italienische Genus-System ist dual angelegt, es gibt kein

Neutrum). Dante wusste zwar, dass es sich um Substantive mit Genus maskulinum handelt, konnte aber nicht den richtigen Artikel angeben. Dies hätte nämlich den Zugriff auf das Lexem verlangt, was ihm nicht möglich war. In einer weiteren Studie haben Miozzo und Caramazza (1997) geprüft, ob sich die Verfügbarkeit grammatischer Genusinformation bei Anomikern auch auf andere syntaktische Merkmale generalisieren lässt. Dazu testeten sie Dante unter Verwendung einer Satzvervollständigungsaufgabe; dieser sollte das passende Auxiliar (*essere*/sein oder *avere*/haben) in der Perfektform einfügen. Hierbei zeigte er in 99 % eine richtige Spezifikation der Hilfsverben.

Ein anderer, französischsprachiger Patient konnte neben dem Genus auch häufig den ersten Laut bzw. Buchstaben sowie ein Homophon angeben (Hénaff-Gonon et al. 1989) – dies war einem weiteren, englischsprachigen Patienten (GM) zwar nicht möglich, dafür hatte dieser Zugriff auf die Silbenzahl und konnte angeben, ob das Wort ein Kompositum war oder nicht (Lambon Ralph et al. 2000).

Diese Ergebnisse zeigen, dass im anomischen Zustand der Zugriff auf semantisch-syntaktische Information einerseits und der Zugriff auf phonologische Information andererseits dissoziieren können. Dante hatte im anomischen Zustand keinen Zugriff auf phonologische Information, allerdings war sein Wissen über syntaktische Aspekte des Zielwortes (Genus eines Substantivs oder Auxiliar eines Verbs) nahezu perfekt.

5.6 Zusammenfassung

Das TOT-Phänomen liefert einen Einblick in die Struktur der lexikalischen Einheit, da ein Sprecher zwar auf semantische und häufig auch syntaktische Informationen zugreifen kann, allerdings nur begrenzt auf phonologische Informationen. Dies zeigen auch Untersuchungen mit Anomie-Patienten.

Ein verbreitetes Paradigma zur Evozierung von TOTs im Labor ist die Präsentation von Wortdefinitionen. Während TOTs im Alltag ein bis zwei Mal in der Woche vorkommen, liegt die TOT-Quote in Laborstudien zwischen 10 und 20 %. Die Auflösung eines TOTs kann relativ zügig, verspätet oder spontan durch Pop-ups erfolgen. Der lexikalische Zugriff kann durch interne Strategien (Suche im Alphabet oder Kreieren von ähnlichen Wörtern), externe Strategien (Nachschlagen im Wörterbuch oder im Internet, Befragung von Personen) oder durch Abrufreize im Alltag oder im Labor (Cueing) sowie durch Gesten unterstützt werden.

Insgesamt führten phonologische Primes (die vor der Definition bzw. vor der Reaktion auf die Definition präsentiert werden) zu *weniger* TOTs und zu *mehr* korrekten JA-Antworten. Auch phonologische Cues (die nach der Reaktion auf die Definition präsentiert werden) ermöglichen einen erfolgreichen lexikalischen Zugriff und zu führen zu *mehr* akkuraten Auflösungen.

Bei den Cueing-Studien im Labor zeigte sich, dass der erste Buchstabe oder Laut des gesuchten Wortes nicht ausreicht, sondern dass die komplette erste Silbe des Wortes angeboten werden muss, entweder isoliert oder in ein Cue-Wort eingebettet. Durch Präsentation einer inkorrekten Silbe wurden die Probanden ‚auf den Holzweg' geführt und die meisten TOTs blieben unaufgelöst. Eine erweiterte Silbe war der bessere Cue im Vergleich zur regulären Silbe: Je mehr Information zur Verfügung steht, desto schneller und besser ist die TOT-Auflösung.

Mit fortgeschrittenem Alter nimmt die Anzahl an TOTs zu. Ältere erleben generell *mehr* TOTs als Jüngere, verfügen aber über *weniger* rudimentäre Informationen des Zielwortes und haben *weniger* Zugriff auf alternative Wörter. Wären alternative Wörter die Ursache für TOTs, müssten auch sie mit dem Alter zunehmen – die Alternativen sind aber vielmehr eine Begleiterscheinung als die Ursache von TOTs. Eine andere Erklärung wäre, dass es unterschiedliche Arten von TOTs gibt, solche mit alternativen Wörtern als Ursache (die eher bei Jüngeren auftreten) und solche verursacht durch generelle Übertragungsprobleme (vermehrt bei Älteren). Die zunehmende Häufigkeit der TOTs im Alter, auch bei hochfrequenten Wörtern, lässt sich mit der Theorie des Übertragungsdefizits besonders gut erklären: Demnach nehmen TOTs mit dem Alter zu, was mit altersbedingten Gehirnveränderungen einhergeht, d. h. die Verbindungen zwischen einem Wort und seiner phonologischen Form sind dann geschwächt.

Aufgabe 1: Nehmen Sie sich einen Zettel und einen Stift und antworten Sie auf folgende Definitionen (aus Sauer 2015) mit JA, NEIN oder TOT. Geben Sie im TOT-Zustand an, welche Informationen Sie über das gesuchte Wort benennen können, z. B. die ersten, mittleren oder letzten Buchstaben und die Anzahl der

Silben. Notieren Sie auch Wörter mit ähnlichem Klang und ähnlicher Bedeutung.

(1)   ständig umlaufender Aufzug ohne Tür
(2)   Fangarme bei Pflanzen und Tieren, z. B. bei Tintenfischen
(3)   kleines Glasröhrchen mit verengter Spitze zum Entnehmen und Übertragen kleiner Flüssigkeitsmengen
(4)   Fachbegriff für Luftdruckmesser
(5)   uneingeschränkte Herrschaft eines Monarchen, z. B. des Sonnenkönigs Ludwig XIV.
(6)   Messprozess zur Feststellung und Dokumentation der Abweichung eines Messgerätes
(7)   Material der Stoßzähne von einigen Tieren
(8)   Unterwasserwaffe mit eigenem Antrieb und Sprengladung
(9)   gebogenes Spielgerät, das zum Werfer zurückkehrt
(10) pflichtmäßige Ehelosigkeit aus religiösen Gründen

Grundbegriffe: rudimentäre Informationen, Blockierung vs. Teilaktivierung, Übertragungsdefizit, Baker-Baker-Paradox, mentale Suche, externe Ressourcen, phonologischer Cue, Silben-Cueing, segmentale Überlappung

Weiterführende Literatur: Einen Überblick über TOTs bieten Brown (2012), Hofferberth-Sauer/Abrams (2014) und Sauer (2015); zur Entstehung und Auflösung von TOTs und deren Beziehung zu Versprechern siehe Sauer/Schade (2019). Untersuchungen zu TOTs und Gesten finden sich bei Theocharopoulou et al. (2015) und Pyers et al. (2021).

6.   Sprachproduktion bei Zwei- und Mehrsprachigen

Mehrsprachigkeit und Multi- bzw. Interkulturalität sind aus aktuellen gesellschaftlichen Debatten nicht wegzudenken, zum einen durch die wachsende Globalisierung und Internationalisierung, zum anderen durch Immigration: Personen mit Migrationshintergrund und Personen mit Zuwanderungsgeschichte, die in Deutschland leben und arbeiten bzw. noch zur Schule gehen. In anderen europäischen Ländern wie Belgien, Spanien oder der Schweiz gehört Mehrsprachigkeit längst zum Alltag. Auch in vielen anderen Ländern der Welt, wie in weiten Teilen Afrikas und Amerikas, stellt der Monolingualismus eher einen Ausnahmefall dar, während die Zwei- oder Mehrsprachigkeit vorherrscht.

Rothweiler (2007: 104) definiert Mehrsprachigkeit wie folgt: „Mehrsprachig zu sein bedeutet, in mehr als einer Sprache kommunizieren und sich ausdrücken zu können". Das bedeutet, dass man nicht mehrere Sprachen perfekt beherrschen muss. Mit dieser Definition ist der Großteil der Gesellschaft mehrsprachig; denken wir nur an Dialekt vs. Hochsprache, Fachsprache vs. Umgebungssprache, Soziolekte (Jugend- vs. Familiensprache). Auch Fremdsprachenkenntnisse aus der Schule, die kommunikativ im Urlaub genutzt werden, führen dazu, Mehrsprachigkeit nicht als Ausnahme, sondern als Normalfall zu betrachten. Zu diskutieren wäre damit eher der Begriff *einsprachig* bzw. *monolingual* – gibt es solche Sprecher überhaupt? Die meisten werden neben der Hochsprache auch einen Dialekt sprechen.

Die **PISA-Studien** haben gezeigt, dass Kinder mit Migrationshintergrund besonders schlechte Bildungschancen haben. Als Ursache gelten nicht ausreichende Sprachkenntnisse. Die mündliche und schriftliche Sprachproduktion eines Kindes bestimmt schon früh den weiteren Schul- und Ausbildungsweg. Da der Themenkomplex Mehrsprachigkeit so groß ist, wurde ihm ein eigenes Kegli-Büchlein gewidmet (Peterson 2015).

In diesem Kapitel klären wir zunächst einige Begriffe und konzentrieren uns dann auf die Sprachproduktion von Zwei- und Mehrsprachigen.

6.1 Grundlegendes zur Zwei- und Mehrsprachigkeit

Wir können uns hier nicht näher mit dem Erwerb zweier oder mehrerer Sprachen beschäftigen, aber es soll zumindest eine Darstellung der verschiedenen Begrifflichkeiten erfolgen, um die nächsten Abschnitte zur Sprachproduktion bei Mehrsprachigen besser verstehen und hinterfragen zu können.

- *Multilingualismus* bzw. *Multilingualität*: Die Begriffe können mit Mehrsprachigkeit übersetzt werden.
- *Bilingualismus*: Der Begriff wird einerseits als Überbegriff für alle Formen von Mehrsprachigkeit verwendet, andererseits nur dann, wenn zwei Sprachen von Anfang an bzw. in den ersten zwei bis drei Jahren gleichzeitig erworben werden.
- *Doppelter Erstspracherwerb* (2L1): Zwei Sprachen werden ungesteuert und **simultan** (gleichzeitig) erworben. Ein bilinguales Individuum beherrscht zwei sprachliche Kenntnissysteme so, dass es mit monolingualen Sprechern in deren jeweiliger Sprache kommunizieren kann. In der Forschung spricht man von doppeltem Erstspracherwerb, wenn der Erwerbsbeginn für beide Sprache in den ersten zwei bis drei Lebensjahren liegt.

- *Zweitspracherwerb* (L2): Zweitspracherwerb ist immer **sukzessiv**: Erwerb der L2, nachdem der Erwerb der L1 zumindest in den Grundzügen abgeschlossen ist. Dieser kann ungesteuert sein oder gesteuert verlaufen (durch systematischen Unterricht). Zweitspracherwerb kann unterschieden werden in den kindlichen Zweitspracherwerb und den Zweitspracherwerb bei Erwachsenen.

- *Früher Zweitspracherwerb* (fL2) bzw. *kindlicher Zweitspracherwerb*: Ungesteuerter Erwerb einer zweiten Sprache, die in der Lernerumgebung gesprochen wird, nach dem Alter von 3 Jahren bis zum Alter von ca. 6-10 Jahren. Eine fL2 kann sich wie eine L1 entwickeln. Als Beispiel wäre Deutsch als Zweitsprache (**DaZ**) bei Kindern mit Migrationshintergrund im Kindergartenalter zu nennen.

- *Fremdspracherwerb*: Gesteuerter Erwerb einer fremden Sprache in einem Land, in dem diese Sprache nicht gesprochen wird, z. B. Deutsch als Fremdsprache (**DaF**) als Unterrichtsfach an Schulen oder Universitäten im Ausland.

Die **kritische Periode** (*critical period hypothesis* nach Lenneberg 1967, siehe auch Werker/Hensch 2015) bezeichnet eine sensible Phase, in der eine angemessene Stimulation zu einer unauffälligen Entwicklung der Sprachfunktion führt. Lernprozesse (auch bezogen auf andere kognitive Fähigkeiten) führen nach dieser Phase zu einem unterschiedlichen Output, quantitativ und qualitativ. Bei der Sprachentwicklung wurde lange Zeit die Pubertät als kritische Phase betrachtet, doch der Zeitpunkt liegt viel früher und endet spätestens beim 10. Lebensjahr. Entscheidende Veränderungen setzen wahrscheinlich schon im Alter von drei Jahren ein, so dass auch nur dann von simultanem Erwerb gesprochen wird, wenn der Kontakt zur zweiten Sprache bis zum Ende des dritten Lebensjahres einsetzt.

Bei Bilingualen können die beiden Sprachen im Individuum auf unterschiedliche Weise koexistieren. Weinreich (1953) hat dazu drei Möglichkeiten vorgeschlagen:

- *compound* (verbunden): Derselbe Begriff wird durch je ein Strukturelement in beiden Sprachen gespeichert. So sind z. B. *book* und *livre* mit demselben semantischen Konzept ‚Buch' verknüpft. Das ist typischerweise der Fall, wenn beide Sprachen im gleichen Kontext gelernt wurden. Als Resultat des alternierenden Gebrauchs der beiden Sprachen kommt es zur wechselseitigen Beeinflussung beider Sprachen (Sprachkontakt, Interferenz). Der verbundene Zugang zum Lexikon bietet Sprechern einen erweiterten Wortschatzhorizont und mehr Wortauswahl und ermöglicht ein beliebiges Wechseln zwischen den beiden Sprachen.

- *coordinate* (koordiniert): Werden beide Sprachen in funktional differenzierten Kontexten erworben (Code-Switching, Diglossie), werden beide Sprachen separat verarbeitet und die lexikalischen Ausdrücke sind mit jeweils unterschiedlichen Konzepten verknüpft. Die bilinguale Kompetenz kann dabei extrem schwanken. Diese Ansicht ist jedoch veraltet: Für jeden lexikalischen Eintrag zwei Konzepte für beide Sprachen zu haben, ist wahrscheinlich für unser mentales Lexikon zu aufwändig.

- *subordinate* (untergeordnet): Es gibt nur ein gemeinsames Konzept, aber das Lexem der L2 muss via die L1 übersetzt werden, es gibt keine direkte Verbindung zwischen der L2 und dem Konzept. Dieses Stadium findet sich häufig bei Lernern einer Fremdsprache im Anfangsstadium, das sich später zu einer koordinierten Organisation entwickelt.

Sprachwechsel (*Code-Switching*) und Sprachmischung (*Code-Mixing*, als Produkt von Sprachwechsel) gehören zum Sprachgebrauch mehrsprachiger Sprecher (Tracy/Gawlitzek-Maiwald 2000). Mischäußerungen scheinen darauf hinzuweisen, dass die beiden Sprachen nicht getrennt repräsentiert sind. Bei genauerer Analyse erweisen sich solche Äußerungen als Ausdruck einer mehrsprachigen Kompetenz in mehrsprachigen Kommunikationssituationen. Die Voraussetzung für Sprachmischungen ist, dass beide Sprachen aktiviert sind. Meist ist die Aktivierung unterschiedlich hoch. Green (1986) schlägt 3 Stadien vor:

- *selected* (ausgewählt): Die Sprache, in der gerade kommuniziert wird
- *active* (aktiv): Sprachen, die im Hintergrund eine Rolle spielen, z. B. für Code-Switching
- *dormant* (schlafend, passiv): Sprachen, die momentan keine Rolle spielen.

Code-Switching kann beabsichtigt sein, beispielsweise aufgrund fehlender Kenntnis, d. h. das Wort ist nur in der einen Sprache bekannt und wird für die andere Sprache ,ausgeliehen' (lexikalisches *borrowing*). Es kann auch sein, dass der Sprecher im Augenblick das passende Wort nicht findet (TOT-Zustand) oder der Ausdruck der anderen Sprache besser der kommunikativen Intention entspricht. Code-Switching kann auch unbewusst passieren. Bilinguale Sprecher haben kaum jemals völlig gleichwertige Kompetenzen für alle sprachlichen Bereiche in beiden Sprachen, da die Sprachen in unterschiedlichen Kontexten und zu verschiedenen Zwecken eingesetzt werden, es sich daraus unterschiedlich zusammengesetzte Lexika ergeben und auch Unterschiede in der Gewandtheit und Kontextangemessenheit. Auch die **Sprachdominanz** spielt eine Rolle. Dominanz ist kein Begriff, der etwas über grammatisches Wissen aussagt, sondern ein Begriff, der die Sprachverarbeitung und den Sprachgebrauch betrifft und daher besser mit **Sprachpräferenz** benannt werden sollte. Diese ist bei bilingualen Kindern durch die Sprachverhältnisse in der aufwachsenden Gesellschaft beeinflusst und hat mit Präsenz und Prestige der Sprachen zu tun.

Dieser Hintergrund sollte berücksichtigt werden, wenn wir uns in den nächsten Abschnitten mit Wortfindungsstörungen und Versprechern bei Mehrsprachigen beschäftigen. Ein Versprecher, erinnern wir uns, ist eine *unbeabsichtigte* Fehlleistung, während eine Entlehnung meist beabsichtigt ist.

6.2 Wortfindungsstörungen und Versprecher bei Bilingualen

Es gibt Gruppen, die besonders viele TOTs erleben. Dazu gehören bilinguale bzw. multilinguale Sprecher, weil sie einen größeren Wortschatz haben, so dass auch mehr Wettbewerber mit dem Zielwort konkurrieren. In diesem Abschnitt fokussieren wir uns auf TOTs bei Bilingualen, da hierzu mehr Literatur vorliegt als zu Versprechern bei Bilingualen.

Das mentale Lexikon von Mehrsprachigen ist größer als das von Einsprachigen, auch wenn der Wortschatz der einzelnen Sprachen bei Mehrsprachigen meist kleiner ist (Bialystok 2001). Die einzelnen Sprachen werden bei Mehrsprachigen auch seltener verwendet, so dass mehr Zeit und Fehler bei der Wortfindung entstehen können (Ecke 2008). Im Vergleich zu Monolingualen haben sie nicht nur Alternativen aus derselben Sprache, die mit dem Zielwort um die Selektion konkurrieren, sondern aus mehreren Sprachen.

Zweitsprachenlerner erleben TOTs in ihrer Zweitsprache auch bei hochfrequenten Wörtern, aber generell tendieren sie dazu, weniger TOTs in ihrer dominanten und häufig-verwendeten Muttersprache zu erleben (Ecke 2001). Bei nicht dominanten Zweit- oder Fremdsprachen entstehen beispielsweise mehr Versprecher wie Substitutionen, die dem Zielwort semantisch oder phonologisch ähneln (Ecke 2003).

Im Allgemeinen erleben Bilinguale mehr TOTs als Monolinguale. Spät-Bilinguale, die erst ab elf Jahren eine Sprache gelernt haben, erlebten in der Studie von Kreiner und Degani (2015) mehr TOTs als Früh-Bilinguale, die bis fünf Jahre die Zweitsprache lernten. Das Verhalten der Spät-Bilingualen kann mit der **Frequency-Lag-Hypothese** (Gollan/Acenas 2004) erklärt werden, da Spät-Bilinguale in ihrem bilingualen Lexikon schwächere Verbindungen aufzeigen, was mit der seltenen Verwendung der L2 zusammenhängt. Bilinguale zeigten allerdings nur bei Wörtern, die sich in den beiden Sprachen in der Form unterschieden (Nicht-Kognate), mehr TOTs (Gollan/Acenas 2004). **Kognate** (*cognates*) sind Übersetzungsäquivalente mit ähnlicher Form, wie *adult – adulto, vampire – vampiro, microphone – micrófono*. Nicht-Kognate sind Übersetzungäquivalente mit unterschiedlicher Form, wie *beehive – colmena*. Bei Kognaten erlebten beide Gruppen ähnlich viele TOTs.

Bei Eigennamen erlebten Bilinguale weniger TOTs als Monolinguale (Gollan et al. 2005, Studie 1) bzw. ähnliche viele TOTs (Studie 2). Die Autoren vermuten, dass ein Eigenname in beiden Sprachen repräsentiert ist und damit den ‚Nachteil' von Bilingualen – eine reduzierte Worthäufigkeit und eine mögliche Konkurrenz bei der Selektion – ausschließt.

Auch bei niedrigfrequenten Wörtern zeigten Bilinguale nicht mehr TOTs als Monolinguale. Deshalb gingen Gollan und Brown (2006) von einer sogenannten **Frequenzschwelle** aus: Bei sehr niedrigfrequenten Wörtern unterschieden sich die beiden Gruppen nicht, erst bei höherfrequenten Wörtern (mit einer Frequenz über der Schwelle) erlebten Bilinguale dann mehr TOTs als Monolinguale. Das stimmt auch mit den Ergebnissen zur Zielwortfrequenz überein. Aufgrund der geringeren Nutzungsfrequenz sind Form-Bedeutungs-Beziehungen in bilingualen Sprechern schwächer als in monolingualen Sprechern, was leichter TOTs verursachen kann.

Um eine phonologische Überlappung der Sprachen (Kognate) auszuschließen, testeten Pyers und Kollegen (2009) englischsprachige Monolinguale, Spanisch-Englisch-Bilinguale und ASL-Englisch-Bilinguale (ASL = *American Sign Language*). Bei Bilingualen sind die phonologischen Repräsentationen in beiden Sprachen immer aktiv. Bilinguale berichten bei natürlich auftretenden TOTs von ähnlichen Wörtern aus der *anderen* Sprache. Dadurch kann Wettbewerb entstehen und der ‚falsche Kandidat' kann sich durchsetzen, d. h. es kommt zu einem Versprecher (z. B. einer Wortersetzung) oder zu einer phonologischen Alternative, die den Abruf des Zielwortes im TOT-Zustand verhindert bzw. verlangsamt. Bilinguale mit einer Laut- und einer Gebärdensprache zeigen keine phonologische Überlappung der beiden Sprachen, so dass bei dieser Gruppe untersucht werden kann, ob phonologische Interferenzen die Ursache für vermehrte TOTs bei Bilingualen sind. Um die Blockierungshypothese zu unterstützen, müssten alle drei Gruppen ähnlich viele TOTs aufweisen. Die hier getesteten ASL-*Signer* (Personen, die gebärden) waren Kinder von gehörlosen Eltern, die zweisprachig aufgewachsen sind: mit der amerikanischen Gebärdensprache und der amerikanischen Lautsprache. Pyers und Kollegen (2009) fanden, dass *beide* Gruppen der Bilingualen mehr TOTs hatten als die monolinguale Gruppe. **Bimodale** Sprecher (mit einer Laut- und einer Gebärdensprache) und unimodale Bilinguale (mit zwei Lautsprachen) hatten ähnlich viele TOTs, aber die bimodale Gruppe konnte mehr TOTs korrekt auflösen. Die bimodalen Bilingualen waren sozusagen ‚zwischen' den anderen beiden Gruppen: Sie hatten einen etwas besseren lexikalischen Zugriff als die unimodalen Bilingualen und einen signifikant schlechteren lexikalischen Zugriff als die Monolingualen. Dies lässt sich damit erklären, dass bimodale Bilinguale ihre beiden Sprachen insgesamt häufiger verwenden, da sie oft *gleichzeitig* gebärden und sprechen (Emmorey et al. 2008). Anhand dieser Befunde kann eine phonologische Blockierung nicht der Grund für das erhöhte Auftreten von TOTs bei Bilingualen sein.

In der Forschung wird diskutiert, ob Bilinguale *ein* mentales Lexikon für beide Sprachen oder *zwei* getrennte Lexika besitzen. Die Studie von Askari (1999) unterstützt die Annahme eines **gemeinsamen Lexikons**: Farsi-Englisch-Bilingualen (Farsi ist eine moderne Version des Persischen) wurden Definitionen entweder auf Farsi oder auf Englisch präsentiert. Die Teilnehmer hatten Farsi als Erstsprache und Englisch als Zweitsprache sowie als Umgebungssprache bzw. Landessprache (*coordinate bilinguals*). Es gab mehr TOTs, wenn die Definition in der Zweitsprache (Englisch) präsentiert wurde und wenn der Prime phonologisch ähnlich war. Außerdem gab es mehr korrekte Antworten, wenn der Prime in der jeweils anderen Sprache als die Definition präsentiert wurde. Primes in derselben Sprache ergaben keinen erleichternden Effekt, sondern nur Primes in der alternativen Sprache. Gäbe es zwei separate Lexika, hätte der Prime nur in derselben Sprache einen erleichternden Effekt gehabt – allerdings ist damit die Zwei-Lexika-Hypothese nicht widerlegt.

Auch die Ergebnisse von Ecke (2008) unterstützen die Annahme eines gemeinsamen Lexikons, in dem beide Sprachen nicht nur semantisch, sondern auch phonologisch und orthographisch verwandt sind: Die Gruppe mit Erstsprache Spanisch und fortgeschrittenen Kenntnissen in Englisch hatte eine große Anzahl (26,9 %) englischer Alternativen bei TOTs im Spanischen. Die Gruppe mit einem mittleren Englisch-Niveau hatte 5,7 % englische Alternativen und die Englisch-Anfängergruppe hatte nur 0,8 % englische Alternativen bei TOTs im Spanischen. Dies zeigt, dass es nicht nur Einflüsse von der L1 zur L2 gibt, sondern auch umgekehrt.

In Sprachen, die nicht regelmäßig verwendet werden, entstehen eher TOTs, da die Verbindungen von den semantischen zu den phonologischen Knoten geschwächt sind (TDH, Abschnitt 5.2). Dies kann Zweit- oder Fremdsprachen betreffen, die nur auf einem niedrigen Niveau erworben wurden oder bei denen das Lernen bzw. Verwenden der Sprache bereits länger zurück liegt. Aber auch die Erstsprache kann davon betroffen sein, wenn sie nicht als Umgebungssprache – und darüberhinaus relativ selten – verwendet wird. Diese Sprache wird dann sozusagen unterdrückt (*dormant*).

Anhand des hierarchischen Modells der bilingualen Gedächtnisrepräsentation von Kroll und Stewart (1994) lassen sich die unterschiedlichen TOT-Ergebnisse von Mehrsprachigen erklären: Zweitsprachenlerner auf einem niedrigen Niveau tendieren dazu, das Wort in die L1 zu übersetzen und es danach in die L2 zu konvertieren (*subordinate model*). Die Verlinkung von der L2 zur L1 ist stärker als umgekehrt. Bilinguale hingegen, die in beiden Sprachen flüssig sprechen können, greifen auf ein gemeinsames Konzept mit zwei Wortformen zu (*compound model*). Dieses Modell erklärt auch die unterschiedlichen Ergebnisse mit Bezug auf die Verfügbarkeit von rudimentären Informationen bei Mehrsprachigen.

Im Folgenden werden einige **Versprecher** von Bilingualen präsentiert (aus Leuninger 1993: 126f.):

- *Da ist ein body an der Tür* ← *somebody* wurde in seine Bestandteile Deutsch-Englisch aufgelöst
- Kontamination: *Er spielt ein ausgezeichnetes Procentage-Tennis* ← *Prozent/percentage* oder *im 2. Stoor* ← *Stock/floor*
- Übersetzende Postposition eines Wortes: *weil das nur für die Basic Beat Rule eine Regel spielt* ← *Rolle*
- Postposition eines Wortes mit Korrektur: *es geht um die Umline, äh, On-line-Verarbeitung*
- Postposition der Aussprache: *Basic Beat [i:] Rigel* ← *Regel*
- Antizipation mit Korrektur und Virus: *wir haben uns diesen Fisch, diesen Film, angecalled 'A fish called Wanda'* ← *wir haben uns diesen Film angesehen: 'A fish called Wanda'*.

Poulisse (1999: 205-216) präsentiert eine große Sammlung von Versprechern bei Bi- und Multilingualen mit der häufigen Versprecherart der lexikalischen Substitution.

6.3 Zusammenfassung

Personen, die mehrere Sprachen sprechen, haben einen größeren Wortschatz als monolinguale Sprecher. Durch die vermehrte Auswahl an möglichen Wörtern entsteht mehr Wettbewerb zwischen den Wörtern, was zu mehr TOTs führen kann. Personen, die erst spät eine Zweitsprache erworben haben (Spätbilinguale) erleben mehr TOTs als Personen, die früh zwei Sprachen erworben haben (Frühbilinguale). Auch Immigranten mit einer Erstsprache, die nicht regelmäßig gebraucht wird, Zweit- und Fremdsprachenlerner sowie Bilinguale mit zwei Lautsprachen oder mit einer Lautsprache und einer Gebärdensprache (bimodal) erleben mehr TOTs als monolinguale Sprecher. Bei Eigennamen und Kognaten sowie bei niedrigfrequenten Wörtern unterscheiden sich Bilinguale allerdings nicht von Monolingualen. Oftmals haben mehrsprachige Sprecher im TOT-Zustand alternative Wörter aus (der) anderen Sprachen parat, z. B. weil diese Wörter entweder häufiger oder erst kürzlich verwendet wurden als das gesuchte Wort. Bei Mehrsprachigen kommt es zu Versprechertypen, die Wörter aus beiden bzw. mehreren Sprachen einbeziehen, vermehrt sind es lexikalische Substitutionen.

Aufgabe 1: Beobachten Sie in Ihrem Freundes- oder Kollegenkreis, ob multilinguale Personen Code-Switching verwenden, (a) weil ihnen das gesuchte Wort gerade nicht zur Verfügung steht (TOT) oder (b) weil sie das Wort in der einen Sprache gar nicht kennen, da sie es nur in der anderen Sprache erworben haben.
Aufgabe 2: Betrachten Sie Versprecher von multilingualen Sprechern genauer: Wurde ein phonologisch ähnliches Wort aus Versehen verwendet (Versprecher) oder ist es ein klassischer Malapropismus, d. h. die Person glaubt zu wissen, dass das Wort so lauten muss.

Grundbegriffe: Bilingualismus, Zweitspracherwerb, L1, L2, simultan, sukzessiv, bimodal, Kognate, TOT, Substitution

Weiterführende Literatur: Tracy (2014) sowie Roche/Terrasi-Haufe (2018) geben einen Überblick über Spracherwerb und Mehrsprachigkeit; zu bilingualen Versprechern siehe Poulisse (1999) und zu TOTs bei Bilingualen siehe Gollan/Acenas (2004). Die Auswirkungen von Bilingualismus auf die Gesundheit im Alter diskutieren Bialystok und Kollegen (2016).

7. Gebärdensprache

7.1 Grundlegendes

In der Gebärdensprache gibt es dieselben Arten von Unflüssigkeiten, wie Pausen, Filler, Neustarts und Reformulierungen wie in der Lautsprache. In einer Studie von David und Kollegen (2009) wurde gezeigt, dass *Signer* signifikant weniger Unflüssigkeiten produzierten als Sprecher. Dies könnte daran liegen, dass die Gebärden-Artikulatoren langsamer sind im Vergleich zu den schnellen Sprech-Artikulatoren. Außerdem können Signer effizienter Fehler erkennen als Sprecher (Hohenberger et al. 2002). Während die Lautsprache artikulatorisch-auditiv funktioniert, erfolgt die Verarbeitung von Gebärdensprache visuell-gestisch. Der Unterschied zwischen den beiden Sprachtypen ergibt sich damit aus der genutzten Modalität. Die Gebärdensprache ist hochgradig simultan. Die Gebärden setzen sich dabei aus mindestens drei von vier phonologischen Merkmalsklassen zusammen, die gleichzeitig ausgeführt werden: (1) Handform, (2) Ausführungsstelle, (3) Handorientierung und (4) Bewegung. Daher kann man auch von simultaner Phonologie sprechen. ‚Phonologie' ist hier modalitätsneutral zu verstehen und bezeichnet alle submorphematischen Einheiten der Sprache, wie Phoneme, Silben, metrische Eigenschaften usw. (Leuninger et al. 2007: 318).

7.2 Vergebärdler

Auch bei dem Pendant von Versprechern in der Gebärdensprache, den sog. *Vergebärdlern*, existieren Fehlleistungen in der Form *oder* in der Bedeutung, die für eine Zweiteilung des mentalen Lexikons sprechen (Leuninger 2003):

- *Form*: Nachbarschaft in der geplanten Äußerung (syntagmatisch) oder Nachbarschaft im Formlexikon (paradigmatisch), syntaktische Kategorienzugehörigkeit ist nicht relevant
- *Bedeutung*: Keine formale Ähnlichkeit der betroffenen Einheiten, syntaktische Kategorienzugehörigkeit relevant, Nachbarschaft im mentalen Lexikon (Wortfelder).

Wie in der Lautsprache kann sich der Signer auch in der Gebärdensprache mit einer Korrektur dem Zielwort annähern. Die Suche in einem Wortfeld (nach JUNGE) kann zu einer semantischen

Substitution führen (VATER, SOHN); die Handformen und die Ausführungsstelle sind dabei verschieden (siehe Abb. 11).

V(ATER)   S(OHN)   JUNGE

Abb. 11: Die gebärdensprachliche Korrektur von VATER über SOHN hin zu JUNGE (aus Leuninger 2011).

Die gebärdensprachliche Korrektur findet mitten in der Silbe statt. Tabelle 2 zeigt, dass sich die drei Gebärden (VATER, SOHN, JUNGE) in allen Oberklassenmerkmalen unterscheiden. Der Korrekturweg des Vergebärdlers ähnelt der schrittweisen Annäherung wie im Versprecher *Das Brett, äh, das Tablett, äh, das Blech ist sowieso voll.* Ohne editing-Ausdrücke ist die Korrekturroute vergleichbar mit *Sie haben sich an der Ente unschädlich getan, gemacht, gehalten* (Keller/Leuninger 2004: 293). Eine annähernde Korrektur, die auch bei aphasischen Patienten bekannt ist, bezeichnet man als *conduite d'approche*.

	VATER	SOHN	JUNGE
Handform	B-Handform	F-Handform	gekrümmte B-Handform
Handorientierung	nach oben	Handrücken seitlich nach außen	Handrücken nach rechts außen
Ausführungsort	Stirn → Kinn	zwei Punkte im neutralen Gebärdenraum (vor dem Oberkörper)	Taillenhöhe leicht rechts im neutralen Gebärdenraum
Bewegung	leicht kreisförmig von oben nach unten	gerade Abwärtsbewegung	zweimal kleine kreisförmige Bewegung

Tabelle 2: Die Gebärden VATER, SOHN und JUNGE mit ihren unterschiedlichen Oberklassenmerkmalen (aus Leuninger 2009).

7.3 Tip-of-the-Finger-Phänomen

Das Pendant zum Tip-of-the-Tongue-Phänomen (TOT) in der Laut-sprache ist das Tip-of-the-Finger-Phänomen (TOF) in der Gebärden-sprache. TOFs können entstehen, wenn zumindest eines der vier Oberklassenmerkmale unzureichend aktiviert wird (Hohenber-ger/Leuninger 2012). TOFs wurden bereits in der amerikanischen Gebärdensprache (ASL) untersucht; es fehlen jedoch noch Studien zu TOFs in der deutschen Gebärdensprache.

Meist sind drei der vier phonologischen Merkmalsklassen simul-tan abrufbar, d. h. im TOF-Zustand sind mehr rudimentäre Informa-tionen verfügbar als im TOT-Zustand: Signer können beispielsweise die Handform, die Ausführungsstelle und die Handorientierung (dies entspricht dem Onset der Gebärde) abrufen, aber die Bewegung bleibt am häufigsten verborgen (Thompson et al. 2005). Der Zugriff auf mehrere Merkmalsklassen führt im Vergleich zur Lautsprache al-lerdings nicht zu mehr TOF-Auflösungen. Eine Ähnlichkeit zwi-schen TOFs und TOTs ist, dass initiale Handformen zuerst abgerufen werden, wie auch initiale Phoneme in der Lautsprache zuerst zugäng-lich sind (Thompson et al. 2009).

a. STROM   b. HARMLOS
'stream'   'innocent'

Abb. 12: Diese Gebärden unterscheiden sich nur in der Handform (V-Hand vs. B-Hand); alle anderen drei Parameter sind identisch (aus Leuninger et al. 2007: 319).

Zur Verdeutlichung der vier Oberklassenmerkmale seien hier zwei Beispiele aus Leuninger et al. (2007: 319) aufgeführt. Beide Bei-spiele illustrieren Minimalpaare, d. h. sie unterscheiden sich jeweils in nur einem Merkmal (siehe Abbildungen 12 und 13).

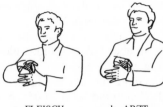

a. FLEISCH   b. ARZT
   'meat'   'doctor'

Abb. 13: Diese Gebärden unterscheiden sich nur im Ausführungsort, alle anderen drei Parameter sind identisch (Abb. aus Leuninger et al. 2007: 319).

Die **Ikonizität** von Gebärden ist ein prominentes Merkmal von Gebärdensprachen. Bei ikonischen Wörtern in der Lautsprache ist die phonologische Form nicht arbiträr, sondern ähnelt der Bedeutung, z. B. *S-Kurve*. Eine Untergruppe bilden onomatopoetische Wörter wie *Muh, Kuckuck, Uhu, Wauwau*. Ein Beispiel für eine ikonische Gebärde ist *SCHWEIZ* – bei diesem Wort werden die Hände gekreuzt wie auf der schweizerischen Flagge. Einige Gebärdensprachlinguisten, wie Stokoe (1991), nehmen eine von Lautsprachen abweichende Phonologie an, eine sogenannte semantische Phonologie, nach der die Form einer Gebärde über Aspekte ihrer zugeteilten semantischen Information abgerufen werden kann. Die semantische Phonologie eliminiert damit die Unterscheidung in Wortform und -bedeutung und lehnt den dualen Charakter der Lautsprache für die Gebärdensprache ab. Dies impliziert, dass Signer keine TOFs erleben sollten, da keine klare Unterscheidung zwischen Semantik und Phonologie angenommen wird. In der Studie von Thompson und Kollegen (2005) wurde jedoch gezeigt, dass nicht nur bei nicht-ikonischen, sondern auch bei ikonischen Wörtern TOF-Zustände entstanden sind. Für die Gebärdensprache muss somit (wie auch in der Lautsprache) von einem arbiträren Zusammenhang zwischen Form und Bedeutung ausgegangen werden. Daraus folgt, dass damit auch ein Zwei-Stufen-Zugriff auf das mentale Lexikon angenommen wird.

Die hohe Simultanität von Gebärdensprachen zeigt sich auch bei *Gating*-**Experimenten**, in denen die Test-Items fragmentarisch präsentiert werden (Emmorey/Corina 1990). Am Isolationspunkt konnten die Testpersonen das Wort bzw. die Gebärde erkennen. Während im Englischen der Isolationspunkt nach 83 % der phonologischen Information erkennbar wurde, konnte er in der amerikanischen Gebärdensprache bereits nach 34 % der phonologischen Information erreicht werden. Dies liegt an der gleichzeitigen Präsentation mehrerer

Merkmale, die die lexikalischen Alternativen in der Gebärdensprache schneller einschränken (Hohenberger/Leuninger 2012).

Vergebärdler werden ‚schneller' korrigiert als Versprecher. Da Gebärden langsamer produziert werden, aber Fehlleistungen gleich schnell (vom internen Monitor) erkannt werden, beginnt die Korrektur oft schon während der Gebärde – in der Lautsprache dagegen typischerweise erst nach dem Wortende (Leuninger et al. 2004). Auch die Strukturinsensitivität des Monitors kann dadurch gezeigt werden: Der Monitor wartet nicht geduldig, bis eine Struktureinheit (z. B. die ganze Gebärde) beendet ist, sondern unterbricht mitten in der Ausführung, d. h. so schnell wie möglich. Dies sieht man auch in Abb. 11.

7.4 Zusammenfassung

Die Deutsche Gebärdensprache unterscheidet sich vor allem im Merkmal der Modalität von der deutschen Lautsprache: Die Lautsprache erfolgt artikulatorisch-auditiv und die Gebärdensprache visuell-gestisch. Vergebärdler können, genau wie Versprecher, in der Form oder in der Bedeutung dem Zielwort ähneln. Eine Korrektur kann auch angenähert werden (*conduite d'approche*). TOFs können entstehen, wenn eines der vier Oberklassenmerkmale (Handform, Handorientierung, Ausführungsstelle, Bewegung) nicht ausreichend aktiviert wird. Signer können meist auf die Handform, die Handorientierung und die Ausführungsstelle zugreifen, aber die Bewegung bleibt dann verborgen. Obwohl in der Gebärdensprache zwar auf mehrere Merkmalsklassen zugegriffen werden kann, werden nicht mehr TOFs aufgelöst als TOTs in der Lautsprache.

Aufgabe 1: Finden Sie weitere Beispiele für ikonische Wörter in der Laut- und in der Gebärdensprache.
Aufgabe 2: Wo liegen Gemeinsamkeiten und Unterschiede zwischen Wortfindungsstörungen in der mündlichen Sprachproduktion (TOT + TOF) und der schriftlichen Sprachproduktion (TOP: tip of the pen)?

Grundbegriffe: Signer, Modalität, Ikonizität, simultan, Oberklassenmerkmale, conduite d'approche, Vergebärdler, Tip-of-the-Finger-Phänomen (TOF)

Weiterführende Literatur: Einen umfassenden Überblick über die Gebärdensprache bietet das Handbuch von Pfau et al. (2012). Zum Vergleich von

Deutscher Laut- und Gebärdensprache und ihren Störungen siehe Leuninger und Kollegen (Hohenberger/Leuninger 2012; Leuninger 2003; Leuninger et al. 2007). Eine neuere Studie beschäftigt sich mit Tabuwörtern in der Deutschen Gebärdensprache (Loos et al. 2020).

8. Schlussbemerkung

Das mentale Lexikon ist der Speicher unseres aktiven und passiven Wortschatzes. Bei der Sprachproduktion spielen neben der Wortwahl auch die sozialen Rahmenbedingungen und die Kommunikationspartner mit ihrem jeweiligen Weltwissen eine Rolle. Beispielsweise hat Angela Merkel auf Königin Máximas Äußerung (am 01.10.2019 in New York) „I've spoken to France just now" eine Person erwartet und daher irritiert reagiert: „With who? [...] Which Franz?" – weder Verhörer noch Versprecher, sondern ein klassisches Missverständnis.

Ein Wort, das wir häufig verwenden und vielleicht auch erst vor kurzem gebraucht haben, ist leichter zugänglich und hat eine stärkere Verbindung als ein Wort, das wir nur selten bzw. nur passiv benutzen. Dies trifft sowohl auf die mündliche als auch auf die schriftliche Sprachproduktion zu. Die Prozesse der mündlichen Sprachproduktion in der Laut- und Gebärdensprache verlaufen ähnlich, der einzige Unterschied liegt in der Modalität. Die Störungsbilder wie Pausen, Versprecher bzw. Vergebärdler und das Tip-of-the-Tongue- bzw. Tip-of-the-Finger-Phänomen sind vergleichbar. Da bi- bzw. multilinguale Personen einen größeren Wortschatz und damit auch mehr Wettbewerber aufweisen, sind sie auch ‚anfälliger' für Versprecher und Wortfindungsstörungen. Dies trifft auch auf ältere Menschen zu. Zu diskutieren ist hierbei, ob Ältere besonders häufig Wortfindungsstörungen haben, (a) weil sie durch ihr angesammeltes Wissen einen großen Wortschatz haben und damit mehr Konkurrenz zwischen den Wörtern herrscht oder (b) weil bei Älteren die Verbindungen im lexikalischen Netzwerk im Gehirn aufgrund von Alterungsprozessen geschwächt sind. Interessant ist hierbei, ob es sich um gesunde Ältere mit zahlreichen Wortfindungsstörungen handelt oder um Personen, die ein *Mild Cognitive Impairment* haben, eine Vorstufe zur Demenz, welche die kognitiven Leistungen einschränkt. Der Gebrauch von zwei oder mehr Sprachen kann eine Demenz hinauszögern. Bei all den angesprochenen noch offenen bzw. umstrittenen Fragen ist deutlich, dass in der psycholinguistischen Sprachproduktionsforschung noch viel zu erforschen und zu entdecken bleibt.

Ich freue mich, wenn dieser Band dazu beigetragen hat, Interesse an der Sprachproduktionsforschung und ihren Fragen zu wecken bzw. zu vertiefen.

Literatur

Abrams, Lise/Rodrigues, Emily (2005): Syntactic class influences phonological priming of tip-of-the-tongue resolution. In: Psychonomic Bulletin & Review 12, 1018-1023.

Abrams, Lise/Trunk, Dunja L./Merrill, Lisa A. (2007): Why a superman cannot help a tsunami: Activation of grammatical class influences resolution of young and older adults' tip-of-the-tongue states. In: Psychology and Aging 22, 835-845.

Abrams, Lise/White, Katherine K./Eitel, Stacy L. (2003): Isolating phonological components that increase tip-of-the-tongue resolution. In: Memory & Cognition 31, 1153-1162.

Aitchison, Jean (2003³): Words in the mind. An introduction to the mental lexicon. Oxford: Blackwell.

Albert, Ruth/Marx, Nicole (2010): Empirisches Arbeiten in Linguistik und Sprachlehrforschung. Anleitung zu quantitativen Studien von der Planungsphase bis zum Forschungsbericht. Tübingen: Narr Francke Attempto.

Askari, Nusha (1999): Priming effects on tip-of-the-tongue states in Farsi-English bilinguals. In: Journal of Psycholinguistic Research 28, 197-212.

Astington, Janet W./Dack, Lisa A. (2008): Theory of mind. In: Haith, Mashall M./Benson, Janette B. (Hgg.), Encyclopedia of infant and early childhood development, Vol. 3. San Diego: Academic Press, 343-356.

Baars, Bernard J./Motley, Michael T./MacKay, Donald G. (1975): Output editing for lexical status in artificially elicited slips of the tongue. In: Journal of Verbal Learning & Verbal Behavior 14, 382-391.

Badecker, William/Miozzo, Michele/Zanuttini, Raffaella (1995): The two stage model of lexical retrieval: Evidence from a case of anomia with selective preservation of grammatical gender. In: Cognition 57, 193-326.

Bencini, Giulia M. L. (2017): Speech errors as a window on language and thought: a cognitive science perspective. In: Altre Modernità 4, 243-262.

Berg, Thomas (1988): Die Abbildung des Sprachproduktionsprozesses in einem Aktivationsflußmodell. Untersuchungen an deutschen und englischen Versprechern. Tübingen: Niemeyer.

Berg, Thomas (1996): The modality specificity of linguistic representations: Evidence from slips of the tongue and the pen. In: Journal of Pragmatics 27, 671-697.

Berg, Thomas (2003): Die Analyse von Versprechern. In: Herrmann, Theo/Grabowski, Joachim (Hgg.), Enzyklopädie der Psychologie. Themenbereich C: Theorie und Forschung, Serie III: Sprache, Bd. 2. Göttingen: Hogrefe, 247-264.

Bernstein, Theodore M. (1976): Bernstein's reverse dictionary. London: Routledge & Kegan Paul.

Bialystok, Ellen (2001): Bilingualism in development: language, literacy, and cognition. Cambridge: Cambridge University Press.

Bialystok, Ellen/Abutalebi, Jubin/Bak, Thomas H./Burke, Deborah M./Kroll, Judith (2016): Aging in two languages: Implications for public health. In: Ageing Research Reviews 27, 56-60.

Blackmer, Elizabeth R./Mitton, Janet L. (1991): Theories of monitoring and the timing of repairs in spontaneous speech. In: Cognition 39, 173-194.

Bock, J. Kathryn/Miller, Carol A. (1991): Broken agreement. In: Cognitive Psychology 23, 45-93.

Brédart, Serge/Valentine, Tim (1998): Descriptiveness and proper name retrieval. In: Memory 6, 199-206.

Brown, Alan S. (2012): The tip of the tongue state. New York: Psychology Press.

Brown, Alan S./Croft Caderao, Kathryn (2014): There it is again on my tongue: Tracking repeat TOTs. In: Schwartz, Bennett L./Brown, Alan S. (Hgg.), Tip-of-the-tongue states and related phenomena. Cambridge: Cambridge University Press, 32-49.

Brown, Roger/McNeill, David (1966): The "tip of the tongue" phenomenon. In: Journal of Verbal Learning and Verbal Behaviour 5, 325-337.

Buckingham, Hugh W. (1990): Abstruse neologisms, retrieval deficits and the random generator. In: Journal of Neurolinguistics 2/3, 215-235.

Bühler, Karl (1934): Sprachtheorie. Die Darstellungsfunkrion der Sprache. Jena: Gustav Fischer.

Burke, Deborah M./MacKay, Donald G./Worthley, Joanna S./Wade, Elizabeth (1991): On the tip of the tongue: What causes word finding failures in young and older adults? In: Journal of Memory and Language 30, 542-579.

Caramazza, Alfonso (1997): How many levels of processing are there in lexical access? In: Cognitive Neuropsychology 14, 177-208.

Chomsky, Noam (1957): Syntactic structures. The Hague: Mouton.

Chomsky, Noam (1965): Aspects of the theory of syntax. Cambridge, MA: MIT Press.

Cleary, Anne M./Huebert, Andrew M./McNeely-White, Katherine L. (2020): The tip-of-the-tongue state bias permeates unrelated concurrent decisions and behavior. In: Memory & Cognition, 1-11.

Critchley, Macdonald (1939): The language of gesture. London: Edward Arnold.

Cutting, J. Cooper/Ferreira, Victor S. (1999): Semantic and phonological information flow in the production lexicon. In: Journal of Experimental Psychology: Learning, Memory, and Cognition 25, 318-344.

David, Christiana/Emmorey, Karen/Nicodemus, Brenda (2009): Disfluencies in American Sign Language and English: What 'ums' and 'uhs' tell us about language production. San Diego State University, School of Speech, Language and Hearing Sciences, Student Research Symposium.

Dell, Gary S. (1990): Effects of frequency and vocabulary type on phonological speech errors. In: Language and Cognitive Processes 5, 313-349.

Dell, Gary S./O'Seaghdha, Padraig G. (1992): Stages of lexical access in language production. In: Cognition 42, 287-314.

Dell, Gary S./Reich, P. A. (1981): Stages in sentence production: An analysis of speech error data. In: Journal of Verbal Learning and Verbal Behaviour 20, 611-629.

89

Dell, Gary S./Schwartz, Myrna F./Martin, Nadine/Saffran, Eleanor M./Gagnon, Deborah A. (1997): Lexical access in aphasic and nonaphasic speakers. In: Psychological Review 104, 801-838.

De Ruiter, Jan P. (2000): The production of gesture and speech. In: McNeill, David (Hg.), Language and gesture. Cambridge: Cambridge University Press, 248-311.

De Stefani, Elisa/De Marco, Doriana (2019): Language, gesture, and emotional communication: An embodied view of social interaction. In: Frontiers in Psychology 10, 2063.

Dietrich, Rainer/Gerwien, Johannes (2017): Psycholinguistik. Eine Einführung. Stuttgart: Metzler.

Drenhaus, Heiner (2010): Neurowissenschaftliche Komponenten der Sprachverarbeitung. In: Höhle, Barbara (Hg.), Psycholinguistik. Berlin: Akademie, 111-124.

DUDEN (2014⁶): Das Synonymwörterbuch. Berlin: Dudenredaktion.

Dümig, Sascha/Leuninger, Helen (2013): Phonologie der Laut- und Gebärdensprache. Linguistische Grundlagen, Erwerb, sprachtherapeutische Perspektiven. Idstein: Schulz-Kirchner-Verlag.

Ecke, Peter (2001): Lexical retrieval in a third language: Evidence from errors and tip-of- the-tongue states. In: Cenoz, Jasone/Hufeisen, Britta/Jessner, Ulrike (Hgg.), Cross-linguistic influence in third language acquisition: Psycholinguistic perspectives. Clevedon: Multilingual Matters LTD, 90-140.

Ecke, Peter (2003): Substitutionsfehler und Wörter auf der Zunge: Evidenz für das mentale Lexikon. In: Bulletin VALS/ASLA 78, 35-48.

Ecke, Peter (2008): Cross-linguistic influence on word search in tip-of-the-tongue states. In: TESOL Quarterly 42, 515-527.

Eikmeyer, Hans-Jürgen (2003): Simulative Methoden. In: Herrmann, Theo/Grabowki, Joachim (Hgg.), Enzyklopädie der Psychologie. Themenbereich C: Theorie und Forschung, Serie III: Sprache, Bd. 2. Göttingen: Hogrefe, 51-70.

Ekman, Paul/Friesen, Wallace V. (1969): The repertoire of nonverbal behavior: Categories, origins, usage, and coding. In: Semiotica 1, 49-98.

Emmorey, Karen/Borinstein, Helsa/Thompson, Robin/Gollan, Tamar (2008): Bimodal bilingualism. In: Bilingualism: Language and Cognition 11, 43-61.

Emmorey, Karen/Corina, David (1990): Lexical recognition in sign language: Effects of phonetic strucutre and morphology. In: Perceptual and Motor Skills 71, 1227- 1252.

Erickson, Thomas A./Mattson, Mark E. (1981): From words to meaning: A semantic illusion. In: Journal of Verbal Learning and Verbal Behavior 20, 540-552.

Fay, David A./Cutler, Anne (1977): Malaproprisms and the structure of the mental lexicon. In: Linguistic Inquiry 8, 505-520.

Field, Andy/Hole, Graham (2003): How to design and report experiments. London: Sage.

Freedman, J. L./Landauer, T. K. (1966): Retrieval of long-term memory: "Tip-of- the-tongue" phenomenon. In: Psychonomic Science 4, 309-310.

Fromkin, Victoria A. (1971): The non-anomalous nature of anomalous utterances. In: Language 47, 27-52.

Fromkin, Victoria A. (1973): Introduction. In: Fromkin, Victoria A. (Hg.), Speech errors as linguistic evidence. The Hague: Mouton, 11-45.

Forster, Kenneth I./Mohan, Kathleen/Hector, Jo (2003): The mechanics of masked priming. In: Kinoshita, Sachiko/Lupker, Stephen J. (Hgg.), Masked priming: State of the art. Hove, UK: Psychololgy Press, 3-37.

Garrett, Merrill F. (1975): The analysis of sentence production. In: Wales, Roger/Walker, Edward (Hgg.), New approaches to language mechanisms. Amsterdam: North Holland, 231-256.

Garrett, Merrill F. (1980): Levels of processing in sentence production. In: Butterworth, Brian (Hg.), Language production, Vol. 1. London: Academic Press, 177-220.

Garrett, Merrill F. (1990): Sentence processing. In: Osherson, Daniel N./Lasnik, Howard (Hgg.), An invitation to cognitive science, Vol. 1. Cambridge, MA: MIT Press, 133-175.

Goldin-Meadow, Susan/Wagner Alibali, Martha (2013): Gesture's role in speaking, learning, and creating language. In: Annual Review of Psychology 64, 257-283.

Goldrick, Matthew/Keshet, Joseph/Gustafson, Erin/Heller, Jordana/Needle, Jeremy (2016): Automatic analysis of slips of the tongue: Insights into the cognitive architecture of speech production. In: Cognition 149, 31-39.

Gollan, Tamar H./Acenas, Lori-Ann R. (2004): What is a TOT? Cognate and translation effects on tip-of-the-tongue states in Spanish-English and Tagalog-English bilinguals. In: Journal of Experimental Psychology: Learning, Memory, and Cognition 30, 246-269.

Gollan, Tamar H./Montoya, R. Iván A./Bonanni, Marina P. (2005): Proper names get stuck on bilingual and monolingual speakers' tip of the tongue equally often. In: Neuropsychology 19, 278-287.

Gollan, Tamar H./Brown, Alan S. (2006): From tip-of-the-tongue (TOT) data to theoretical implications in two steps: When more TOTs mean better retrieval. In: Journal of Experimental Psychology: General 135, 462-483.

Grabowski, Joachim (2003): Bedingungen und Prozesse der schriftlichen Sprachproduktion. In: Rickheit, Gert/Herrmann, Theo/Deutsch, Werner (Hgg.), Psycholinguistik. Berlin: Walter de Gruyter, 355-368.

Grainger, Jonathan/Whitney, Carol (2004): Does the huamn mind raed wrods as a wlohe? In: Trends in Cognitive Sciences 8, 58-59.

Green, David W. (1986): Control, activation, and resource: a framework and a model for the control of speech in bilinguals. In: Brain and Language 27, 210-223.

Grice, H. Paul (1975): Logic and conversation. In: Cole, Peter/Morgan, Jerry L. (Hgg.), Syntax and semantics 3: Speech acts. New York: Academic Press, 41-58.

Hantsch, Ansgar (2002): Fisch oder Karpfen? Lexikale Aktivierung von Benennungsalternativen bei der Objektbenennung. Leipzig: MPI.

Heine, Marilyn K./Ober, Beth A./Shenaut, Gregory K. (1999): Naturally occurring and experimentally induced tip-of-the-tongue experiences in three adult age groups. In: Psychology and Aging 14, 445-457.

Hénaff-Gonon, Marie-Anne/Bruckert, Rémy/Michel, François (1989): Lexicalization in an anomic patient. In: Neuropsychologia 27, 391-407.

Hofferberth, Nina Jeanette (2008): Das Tip-of-the-Tongue Phänomen. Eine multiple Einzelfallstudie. Goethe-Universität Frankfurt, Unveröffentlichte Examensarbeit.

Hofferberth, Nina Jeanette (2011): The tip-of-the-tongue phenomenon: Search strategy and resolution during word finding difficulties. In: Proceedings of the fourth ISCA Tutorial and Research Workshop on Experimental Linguistics. ExLing 25-27 May 2011. Paris: ISCA and the University of Athens, 83-86.

Hofferberth-Sauer, Nina Jeanette/Abrams, Lise (2014): Resolving tip-of-the-tongue states with syllable cues. In: Torrens, Vincent/Escobar, Linda (Hgg.): The processing of lexicon and morphosyntax. Newcastle: Cambridge Scholars Publishing, 43-68.

Hohenberger, Annette (2007): Psycholinguistik. In: Steinbach, Markus et al. (Hgg.), Schnittstellen der germanistischen Linguistik. Stuttgart: Metzler, 53-102.

Hohenberger, Annette/Happ, Daniela/Leuninger, Helen (2002): Modality-dependent aspects of sign language production: Evidence from slips of the hands and their repairs in German sign language. In: Meier, Richard P./Cormier, Kearsy/Quinto-Pozos, David (Hgg.), Modality and structure in signed and spoken language. Cambridge, MA.: Cambridge University Press, 112-142.

Hohenberger, Annette/Leuninger, Helen (2012). Sign language production. In: Pfau, Roland/Steinbach, Markus/Woll, Bencie (Hgg.), Sign language. Berlin: Mouton de Gruyter, 711-738.

Höhle, Barbara (Hg.) (2010): Psycholinguistik. Berlin: Akademie.

Huber, Oswald (2019[7]): Das psychologische Experiment. Eine Einführung. Bern: Hogrefe.

Humphreys, Glyn W./Riddoch, M. Jane/Price, Cathy J. (1997): Top-down processes in object identification: Evidence from experimental psychology, neuropsychology and functional anatomy. In: Philosophical Transactions of the Royal Society of London B352, 1275-1282.

Ibbotson, Paul/Tomasello, Michael (2017): Ein neues Bild der Sprache. In: Spektrum der Wissenschaft 3, 12-17.

Iverson, Jana M./Goldin-Meadow, Susan (1998): Why people gesture when they speak. In: Nature 396, 228.

James, Lori E./Burke, Deborah M. (2000): Phonological priming effects on word retrieval and tip-of-the-tongue experiences in young and older adults. In: Journal of Experimental Psychology: Learning, Memory, and Cognition 26, 1378-1391.

Jensen, Arthur R. (1962): Spelling errors and the serial-position effect. In: Journal of Educational Psychology 53, 105-109.

Jescheniak, Jörg D. (2002): Sprachproduktion. Der Zugriff auf das lexikale Gedächtnis beim Sprechen. Göttingen: Hogrefe.

Jescheniak, Jörg D./Levelt, Willem J. M. (1994): Word frequency effects in speech production: Retrieval of syntactic information and of phonological form. In: Journal of Experimental Psychology: Learning, Memory, and Cognition 20, 824-843.

Jescheniak, Jörg D./Schriefers, Herbert (1998): Discrete serial versus cascaded processing in lexical access in speech production: Further evidence from the coactivation of near-synonyms. In: Journal of Experimental Psychology: Learning, Memory, and Cognition 24, 1256-1274.

Keller, Jörg/Leuninger, Helen (2004[2]): Grammatische Strukturen – Kognitive Prozesse. Ein Arbeitsbuch. Tübingen: Gunter Narr.

Kempen, Gerard/Hoenkamp, Edward (1987): An incremental procedural grammar for sentence formulation. In: Cognitive Science 11, 201-258.

Kita, Sotaro (2000): How representational gestures help speaking. In: McNeill, David (Hg.): Language and gesture. Cambridge: Cambridge University Press, 162-185.

Kita, Sotaro/Özyürek, Asli (2003): What does cross-linguistic variation in semantic coordination of speech and gesture reveal? Evidence for an interface representation of spatial thinking and speaking. In: Journal of Memory and Language 48, 16-32.

Kolk, Herman H. J. (1995). A time-based approach to agrammatic production. In: Brain and Language 50, 282-303.

Kormos, Judit (2003): Attention and monitoring in a second language: A qualitative analysis. In: Fremdsprachen Lehren und Lernen 32, 116-132.

Kreiner, Hamutal/Degani, Tamar (2015): Tip-of-the-tongue in a second language: The effects of brief first-language exposure and long-term use. In: Cognition 137, 106-114.

Kroll, Judith F./Stewart, Erika (1994): Category interference in translation and picture naming: Evidence for asymmetric connections between bilingual memory representations. In: Journal of Memory and Language 33, 149-174.

Lambon Ralph, Matthew A./Sage, Karen E. G./Roberts, Jo (2000): Classical anomia: A neuropsychological perspective on speech production. In: Neuropsychologia 38, 186-202.

Lenneberg, Eric (1967): Biological foundations of language. New York: Wiley.

Leuninger, Helen (1993): Reden ist Schweigen, Silber ist Gold. Gesammelte Versprecher. Zürich: Ammann.

Leuninger, Helen (1996): Danke und Tschüss fürs Mitnehmen. Gesammelte Versprecher und eine kleine Theorie ihrer Korrekturen. Zürich: Ammann.

Leuninger, Helen (2003): Sprachproduktion im Vergleich: Deutsche Lautsprache und deutsche Gebärdensprache. In: Rickheit, Gert/Herrmann, Theo/Deutsch, Werner (Hgg.), Psycholinguistik. Berlin: Walter de Gruyter, 707-729.

Leuninger, Helen (2007): Sign languages: Representation, processing, and interface conditions. In: Lleó, Conxita (Hg.), Interfaces in multilingualism. Amsterdam: John Benjamins, 231-261.

Leuninger, Helen (2009): Lexikalischer Zugriff in zwei Schritten: Evidenz aus der Gebärdensprache. Vortrag am 13.5.2009 im Interdisziplinären Zentrum Europäische Sprachen. Freie Universität Berlin.

Leuninger, Helen (2011): Sprachliche Fehlleistungen in Laut- und Gebärdensprache: Versprecher und Vergebärdler. Vortrag am 17.2.201, Bergische Universität Wuppertal.

Leuninger, Helen/Hohenberger, Annette/Waleschkowski, Eva (2007): Sign language: Typology vs. modality. MIT Working Papers in Linguistics 53, The State of the Art in Speech Error Research: Proceedings of the LSA Institute Workshop, 317-345.

Leuninger, Helen/Hohenberger, Annette/Waleschkowksi, Eva/Menges, Elke/Happ, Daniela (2004): The impact of modality on language production: Evidence from slips of the tongue and hand. In: Pechmann, Thomas/Habel, Christopher (Hgg.), Multidisciplinary Approaches to Language Production. Berlin: Mouton de Gruyter, 199-220.

Levelt, Willem J.M. (1982): Linearization in describing spatial networks. In: Peters, Stanley/Saarinen, Esa (Hgg.), Processes, beliefs, and questions: Essay on formal semantics of natural language processing. Dordrecht: Reidel, 199-220.

Levelt, Willem J.M. (1983): Monitoring and self-repair in speech. In: Cognition 14, 41-104.

Levelt, Willem J.M. (1989): Speaking: From intention to articulation. Cambridge, MA: MIT Press.

Levelt, Willem J.M. (1998): The genetic perspective in psycholinguistics or Where do spoken words come from? In: Journal of Psycholinguistic Research 27, 167-180.

Levelt, Willem J.M. (1999a): Producing spoken language: A blueprint of the speaker. In: Brown, Colin M./Hagoort, Peter (Hgg.), The neurocognition of language. Oxford: Oxford University Press, 83-122.

Levelt, Willem J.M./Roelofs, Ardi/Meyer, Antje S. (1999): A theory of lexical access in speech production. In: Behavioral and Brain Sciences 22, 1-75.

Levelt, Willem J.M./Wheeldon, Linda R. (1994): Do speakers have access to a mental syllabary? In: Cognition 50, 239-269.

Lindín, Mónica/Díaz, Fernando (2010): Event-related potentials in face naming and tip-of-the- tongue state: Further results. In: International Journal of Psychophysiology 77, 53- 58.

Loos, Cornelia/Cramer, Jens-Michael/Napoli, Donna Jo (2020): The linguistic sources of offense of taboo terms in German Sign Language. In: Cognitive Linguistics 31, 73-112.

MacKay, Donald G. (1970): Spoonerisms: The structure of errors in the serial order of speech. In: Neuropsychologia 8, 323-350.

MacKay, Donald G. (1987): The organization of perception and action: A theory for language and other cognitive skills. New York: Springer.

MacKay, Donald (1992): Awareness and error detection: New theories and research paradigms. In: Consciousness and Cognition 1, 199-225.

MacKay, Donald G./Burke, Deborah M. (1990): Cognition and aging: A theory of new learning and the use of old connections. In: Hess, Thomas M. (Hg.), Aging and cognition: Knowledge, and utilization. Amsterdam: North Holland, 213-263.

Maril, Anat/Simons, Jon S./Weaver, Josh J./Schacter, Daniel L. (2005): Graded recall success: an event-related fMRI comparison of tip of the tongue and feeling of knowing. In: Neuroimage 24, 1130-1138.

Maril, Anat/Wagner, Anthony D./Schacter, Daniel L. (2001): On the tip of the tongue: An event- related fMRI study of semantic retrieval failure and cognitive conflict. In: Neuron 31, 653-660.

McClelland, James L. (1979): On the time relations of mental processes: A framework for analysing processes in cascade. In: Psychological Review 86, 287-330.

McNeill, David (1992): Hand and mind: What gestures reveal about thought. Chicago: University of Chicago Press.

McNeill, David (2005): Gesture and thought. Chicago: University of Chicago Press.

Meibauer, Jörg (2007): Lexikon und Morphologie. In: Meibauer, Jörg et al. (Hgg.), Einführung in die germanistische Linguistik. Stuttgart: Metzler, 15-69.

Meringer, Rudolf/Mayer, Karl (1895): Versprechen und Verlesen: Eine psycholinguistisch-linguistische Studie. Stuttgart: Göschen'sche Verlagshandlung.

Miozzo, Michele/Caramazza, Alfonso (1997): On knowing the auxiliary of a verb that cannot be named: Evidence for the independence of grammatical and phonological aspects of lexical knowledge. In: Journal of Cognitive Neuroscience 9, 160-166.

Morton, John (1969): The interaction of information in word recognition. In: Psychological Review 76, 165-178.

Morton, John (1980): The logogen model and orthographic structure. In: Frith, Uta (Hg.), Cognitive processes in spelling. London: Academic Press, 117-133.

Müller, Cornelia/Cienki, Alan/Fricke, Ellen/Ladewig, Silva H./McNeill, David/Teßendorf, Sedihna (Hgg.) (2013): Body-Language-Communication: An international handbook on multimodality in human interaction, Vol. 1. Berlin: Mouton de Gruyter.

Müller, Cornelia/Cienki, Alan/Fricke, Ellen/Ladewig, Silva H./McNeill, David/ Bressem, Jana (Hgg.) (2014): Body-Language-Communication: An international handbook on multimodality in human interaction, Vol. 2. Berlin: Mouton de Gruyter.

Müller, Horst M./Kutas, Marta (1997): Die Verarbeitung von Eigennamen und Gattungs-bezeichnungen. Eine elektrophysiologische Studie. In: Rickheit, Gert (Hg.), Studien zur klinischen Linguistik. Modelle, Methoden, Intervention. Wiesbaden: Westdeutscher Verlag, 147-169.

Nooteboom, Sieb G./Quené, Hugo (2013): Parallels between self-monitoring for speech errors and identification of the misspoken segments. In: Journal of Memory and Language 69, 417-428.

Oldfield, Richard C./Wingfield, Art (1965): Response latencies in naming objects. In: The Quarterly Journal of Experimental Psychology 17, 273-281.

Pechmann, Thomas (1994): Sprachproduktionsprozesse. Untersuchungen zur Generierung komplexer Nominalphrasen. Opladen: Westdeutscher Verlag.

Pechmann, Thomas/Zerbst, Dieter (2004): Syntactic constraints on lexical selection in language production. In Pechmann, Tomas/Habel, Christopher (Hgg.), Multidisciplinary approaches to language production. Berlin: Mouton de Gryter, 279-301.

Peterson, John (2015): Sprache und Migration. Heidelberg: Winter.

Peterson, Robert R./Savoy, Pamela (1998): Lexical selection and phonological encoding during language production: Evidence for cascaded processing. In: Journal of Experimental Psychology: Learning, Memory, and Cognition 24, 539-557.

Pfau, Roland/Steinbach, Markus/Woll, Bencie (Hgg.) (2012): Sign language. Berlin: Mouton de Gruyter.

Pinker, Steven (1994): The language instinct. New York: William Morrow and Company.

Poulisse, Nanda (1999): Slips of the tongue. Speech errors in first and second language production. Studies in Bilingualism 20. Amsterdam: Benjamins.

Pyers, Jennie E./Gollan, Tamar H./Emmorey, Karen (2009): Bimodal bilinguals reveal the source of tip-of-the-tongue states. In: Cognition 112, 323-329.

Pyers, Jennie E./Magid, Rachel/Gollan, Tamar H. (2021): Gesture helps, only if you need it: Inhibiting gesture reduces tip-of-the-tongue resolution for those with weak short-term memory. In: Cognitive Science 45: e12914.

Rastle, Kathleen G./Burke, Deborah M. (1996): Priming the tip of the tongue: Effects of prior processing on word retrieval in young and older adults. In: Journal of Memory and Language 35, 586-605.

Rauscher, Frances H./Krauss, Robert M./Chen, Yihsiu (1996): Gesture, speech, and lexical access: The role of lexical movements in speech production. In: Psychological Science 7, 226-231.

Reason, James T./Lucas, Deborah (1984): Using cognitive diaries to investigate naturally occurring memory blocks. In: Harris, John E./Morris, Peter E. (Hgg.), Everyday memory, actions and absent mindedness. London: Academic Press, 53-70.

Rickheit, Gert/Sichelschmidt, Lorenz/Strohner, Hans (2007): Psycholinguistik. Tübingen: Stauffenburg.

Riddoch, M. Jane/Humphreys, Glyn W. (1987): Picture naming. In: Riddoch, M. Jane/Humphreys, Glyn W. (Hgg.), Visual object processing: A cognitive neuropsychological approach. London: Lawrence Erlbaum, 107-142.

Roche, Jörg/Terrasi-Haufe, Elisabetta (Hgg.) (2018): Mehrsprachigkeit und Sprachenerwerb. Tübingen: Narr Francke Attempto.

Roelofs, Ardi (1997): The WEAVER model of word-form encoding in speech production. In: Cognition 64, 249-284.

Rothweiler, Monika (2007): Bilingualer Spracherwerb und Zweitspracherwerb. In: Steinbach, Markus et al. (Hgg.), Schnittstellen der germanistischen Linguistik. Stuttgart: Metzler, 103-135.

Sauer, Nina Jeanette (2015): Das Tip-of-the-Tongue-Phänomen. Zur Rolle der Silbe beim Auflösen von Wortfindungsstörungen. Goethe-Universiät Frankfurt, Dissertationsschrift.

Sauer, Nina Jeanette/Schade, Ulrich (2019): On the emergence and resolution on tips of the tongue and their relation to slips of the tongue. ResearchGate.

Schacter, Daniel L. (2007): Aussetzer. Wie wir vergessen und uns erinnern. Bergisch Gladbach: Lübbe.

Schade, Ulrich (1992): Konnektionismus. Zur Modellierung der Sprachproduktion. Opladen: Westdeutscher Verlag.

Schade, Ulrich (1999): Konnektionistische Sprachproduktion. Wiesbaden: Deutscher Universitätsverlag.

Schade, Ulrich/Berg, Thomas/Laubenstein, Uwe (2003): Versprecher und ihre Reparaturen. In: Rickheit, Gert/Herrmann, Theo/Deutsch, Werner (Hgg.), Psycholinguistik. Berlin: Walter de Gruyter, 317-338.

Schade, Ulrich/Eikmeyer, Hans-Jürgen (2011): Immer schön der Reihe nach: Sequenzialisierung in konnektionistischen Sprachproduktionsmodellen. One in a time, please: Sequentialisation in connectionist models of language production. In: Sprache, Stimme, Gehör 35, 13-18.

Schegloff, Emanuel Abraham/Jefferson, Gail/Sacks, Harvey (1977): The preference for self-corrections in the organization of repair in conversation. In: Language 53, 361-382.

Scherer, Klaus R./Wallbott, Harald G. (1979): Nonverbale Kommunikation: Forschungsberichte zum Interaktionsverhalten. Weinheim: Beltz.

Schiller, Niels O./Meyer, Antje S./Baayen, R. Harald/Levelt, Willem J. M. (1996): A comparison of lexeme and speech syllables in Dutch. In: Journal of Quantitative Linguistics 3, 8-28.

Schriefers, Herbert (2003): Methodologische Probleme. In: Herrmann, Theo/Grabowski, Joachim (Hgg.), Enzyklopädie der Psychologie. Themenbereich C: Theorie und Forschung, Serie III: Sprache. Göttingen: Hogrefe, 3-26.

Schriefers, Herbert/Meyer, Antje S./Levelt, Willem J. M. (1990): Exploring the time course of lexical access in language production: Picture-word interference studies. In: Journal of Memory and Language 29, 86-102.

Schwartz, Bennett L. (1999): Sparkling at the end of the tongue: The etiology of tip-of-the-tongue phenomenology. In: Psychonomic Bulletin & Review 6, 379-393.

Shafto, Meredith A./Mackay, Donald G. (2000): The Moses, Mega-Moses, and Armstrong illusions: Integrating language comprehension and semantic memory. In: Psychological Science 11, 372-378.

Shattuck-Hufnagel, Stefanie (1979): Speech errors as evidence for a serial-ordering mechanism in sentence production. In: Cooper, William E./Walker, Edward C. T. (Hgg.), Sentence processing. Psycholinguistic studies presented to Merrill Garrett. Hillsdale, NJ: Lawrence Erlbaum, 295-342.

Sheridan, Richard B. (1775[2]): The rivals. Oxford: Bloomsbury Methen Drama.

Smith, Steven M./Brown, Jeffrey M./Balfour, Stephen P. (1991): TOTimals: A controlled experimental method for studying tip-of-the-tongue states. In: Bulletin of the Psychonomic Society 29, 445-447.

Stadie, Nicole/Drenhaus, Heiner/Höhle, Barbara/Spalek, Katharina/Wartenburger, Isabell (2010): Forschungsmethoden der Psycholinguistik. In: Höhle, Barbara (Hg.), Psycholinguistik. Berlin: Akademie, 23-38.

Steinbach, Markus (2003): Verbrecher – oder: ist der Verbrecher ein Versprecher? Vortrag beim Aktionstag der Fachschaften. Gutenbergplatz Mainz.

Stokoe, William C. (1991): Semantic phonology. In: Sign Language Studies 71, 99-106.

Stroop, John R. (1935): Studies of interference in serial verbal reactions. In: Journal of Experimental Psychology 18, 643-662.

Theocharopoulou, Foteini/Cocks, Naomi/Pring, Timothy/Dipper, Lucy T. (2015): TOT phenomena: Gesture production in younger and older adults. In: Psychology and Aging 30, 245-252.

Thompson, Robin L./Emmorey, Karen/Gollan, Tamar H. (2005): "Tip-of-the-finger" experiences by deaf signers. Insights into the organization of a sign-based lexicon. In: Psychological Science 16, 856-860.

Thompson, Robin L./Vinson, David P./Vigliocco, Gabriella (2009): The link between form and meaning in American Sign Language: Lexical processing effects. In: Journal of Experimental Psychology: Learning Memory and Cognition 35, 550-557.

Tracy, Rosemarie (2014): Spracherwerb und Mehrsprachigkeit. In: Braches-Chyrek, R. (Hg.), Handbuch frühe Kindheit. Berlin: Budrich, 185-197.
Valentine, Tim/Brennen, Tim/Brédart, Serge (1996): The cognitive psychology of proper names. On the importance of being Earnest. London: Routledge.
Vasiç, Nada/Wijnen, Frank (2005): Stuttering as a monitoring deficit. In: Hartsuiker, Robert J./Bastiaanse, Roelien/Postma, Albert/Wijnen, Frank (Hgg.), Phonological encoding and monitoring in normal and pathological Speech. New York: Psychology Press, 226-248.
Vater, Heinz (2009): Zur Rolle des Kontextes bei Versprechern und Verschreibern. In: Text und Diskurs 2, 65-79.
von Kleist, Heinrich (1805/06): Über die allmähliche Verfertigung der Gedanken beim Reden. In: Müller-Seidel, Walter (Hg.), Heinrich von Kleist. Sämtliche Erzählungen und andere Prosa (1984). Stuttgart: Reclam.
Wallbott, Harald G. (2003): Gestik und Mimik beim Sprechen. In: Wiegand, Herbert E. (Hg.), Psycholinguistik. Berlin: Walter de Gruyter, 262-278.
Warriner, Amy B./Humphreys, Karin R. (2008): Learning to fail: Reoccurring tip-of-the- tongue states. In: Quarterly Journal of Experimental Psychology 61, 535-542.
Weingarten, Rüdiger (2001): Synchronisierung schriftlicher und mündlicher Sprachproduktion. In: Sichelschmidt, Lorenz/Strohner, Hans (Hgg.), Sprache, Sinn und Situation. Wiesbaden: Deutscher Universitätsverlag, 175-189.
Weinreich, Uriel (1953): Languages in contact. Findings and problems. New York: Publications of the Linguistic Circle of New York 1.
Wenzl, Aloys (1932): Empirische und theoretische Beiträge zur Erinnerungsarbeit bei erschwerter Wortfindung. In: Archiv für die gesamte Psychologie 85, 181-218.
Werker, Janet F./Hensch, Takao K. (2015): Critical periods in speech perception: New directions. In: Annual Review of Psychology 66, 173-196.
White, Katherine K./Abrams, Lise (2002): Does priming specific syllables during tip-of-the- tongue states facilitate word retrieval in older adults? In: Psychology and Aging 17, 226-235.
Wiegand, Dagmar (1996): Die Sprachplanung als modular organisierter Prozeß: Zur Berechnung von Kontaminationen. In: Frankfurter Linguistische Forschungen, Sondernummer 4.
Woodworth, Robert S. (1934): Psychology, Vol. 3. New York: Holt.

Online-Quellen

Leuninger, Helen (online): https://helen-leuninger.jimdofree.com
Top 1000 words (online): http://www.bckelk.ukfsn.org/words/uk1000n.html
TOT-Datenbank (online): http://chir.ag/projects/tip-of-my-tongue/
Wiese, Richard (online): https://www.uni-marburg.de/fb09/igs/mitarbeiter/wiese/versprecher_german_speech_errors.html
Wortschatzprojekt der Universität Leipzig (2001): http://wortschatz.uni-leipzig.de/html/wliste.html

Glossar

Aphasie: Zentral bedingte Störungen der Sprache nach abgeschlossenem Spracherwerb bzw. nach abgeschlossener Lateralisierung (Aufgabenteilung von verschiedenen Hirnfunktionen auf eine Hirnhälfte), die aufgrund einer erworbenen Hirnschädigung, z. B. nach einem Schlaganfall, Tumor, Unfall o. ä. auftreten.

Bildgebung: Bildgebende Methoden erlauben es, den zeitlichen oder räumlichen Verlauf zur Bearbeitung von Aufgaben im Gehirn zu messen.

Bilingualismus: Doppelter Erstspracherwerb, d. h. zwei Sprachen werden simultan von Anfang an bzw. in den ersten 2-3 Lebensjahren erworben.

Cueing: Eine Hilfe (Cue) kann den lexikalischen Zugriff, z. B. im TOT-Zustand, erleichtern.

FOK: Abk. für *Feeling-of-Knowing-Phänomen*, das Gefühl, ein Wort zu kennen. Ein TOT schließt einen FOK mit ein, nicht jedoch umgekehrt.

Inkrementell: Mit der Verarbeitung auf einer bestimmten Ebene kann begonnen werden, sobald ein Fragment der Gesamtäußerung auf der vorhergehenden Ebene fertiggestellt wurde.

Hemisphäre: Hirnhälfte; links: serielle Verarbeitung von Informationen, Sprache; rechts: parallele Verarbeitung von Informationen, räumliche Leistungen.

Konzept: Enthält die semantische Information eines Wortes (Bedeutung).

Lemma: Enthält die syntaktische Information eines Wortes (Grammatik).

Lexem: Enthält die phonologische und orthografische Information eines Wortes (Aussprache, Schreibung).

Mentales Lexikon: Wortspeicher im Gehirn mit bis zu 250.000 Einträgen.

Monitor: Die geplante und gesprochene Äußerung kann überwacht und ggf. korrigiert werden.

Priming: Ein zeitlich früher präsentierter Reiz (Prime) kann den Zugriff auf das Zielwort beeinflussen.

Silbenlexikon: Darin sind häufig verwendete Silben gespeichert, um nicht immer wieder Segment für Segment konstruiert zu werden.

TOM: Abk. für *Theory of Mind* (auch: ToM), sich in andere hineinversetzen können und darüber hinaus Vorannahmen über Gefühle, Ideen, Erwartungen und Meinungen anderer zu treffen und das eigene und fremde Verhalten mit mentalen Zuständen interpretieren zu können; Autisten mangelt es daran.

TOF: Abk. für *Tip-of-the-Finger-Phänomen*, Wortfindungsstörung in der Gebärdensprache („Es liegt mir auf der Hand").

TOP: Abk. für *Tip-of-the-Pen-Phänomen*, Wortfindungsstörung beim Schreiben („Es liegt mir auf dem Stift").

TOT: Abk. für *Tip-of-the-Tongue-Phänomen*, Wortfindungsstörung in der Lautsprache („Es liegt mir auf der Zunge").

Versprecher: Unbeabsichtigter sprachlicher Fehler in der Lautsprache.

Vergebärdler: Unbeabsichtigter sprachlicher Fehler in der Gebärdensprache.

Zugriff: lexikalischer Zugriff auf ein Wort, auch Wortabruf.

Sachregister